AF426696

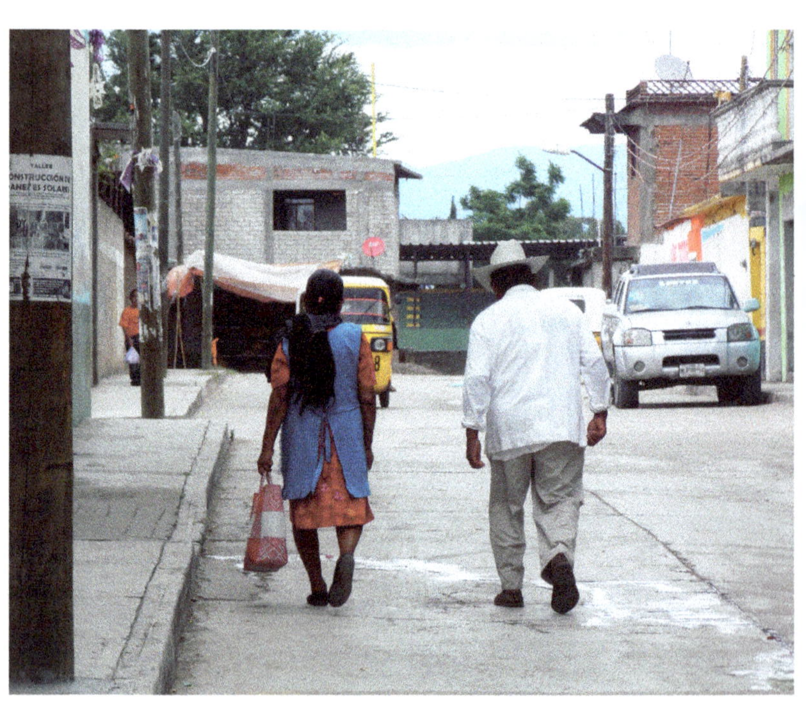
TALLER
CONSTRUCCIÓN DE
YANES ES SOLARI

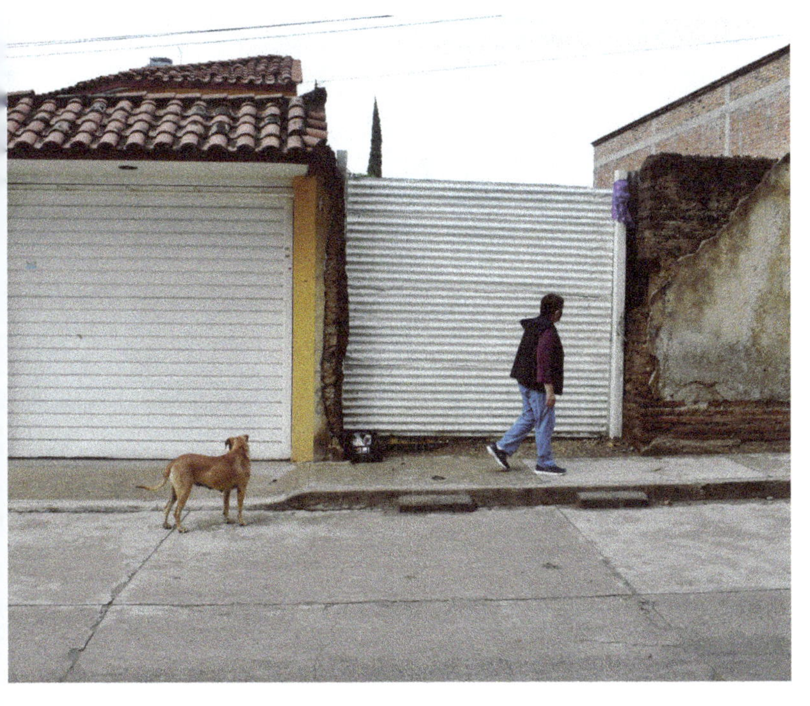

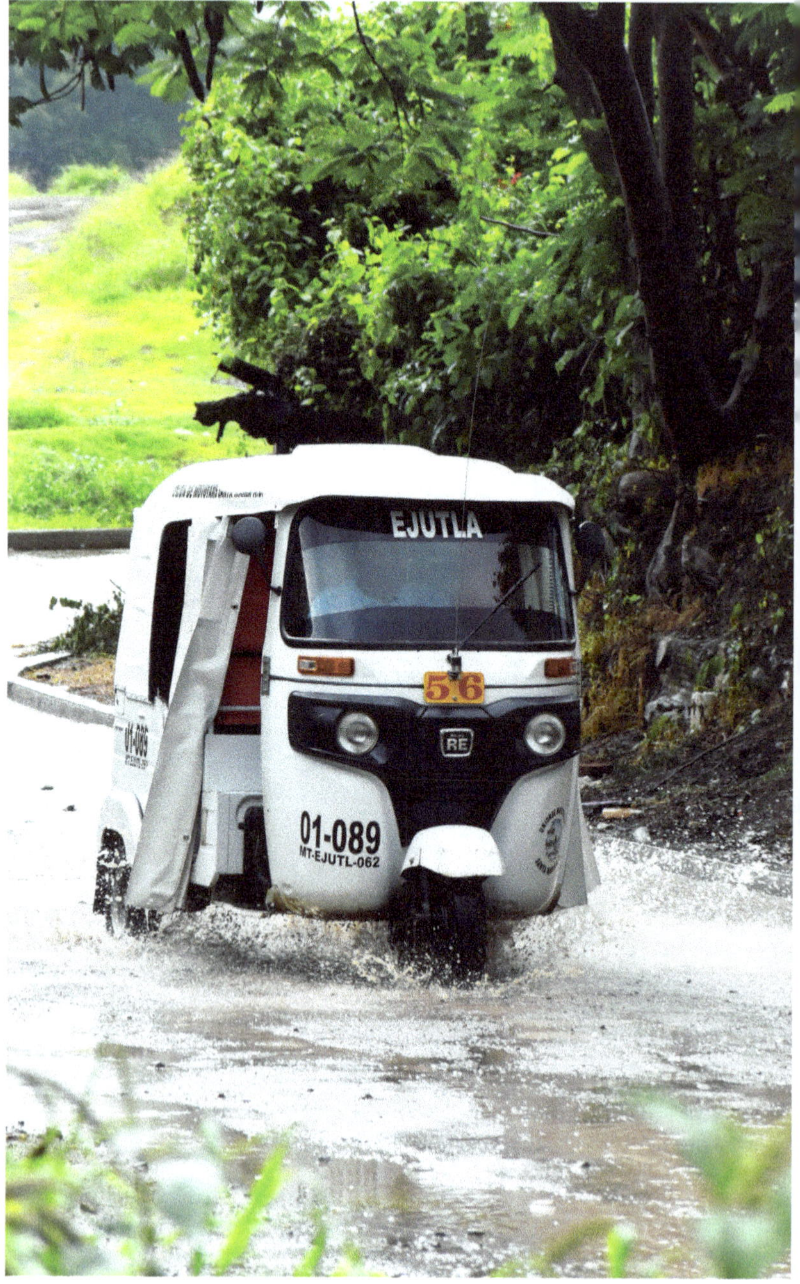

EJUTLA
5.6
RE
01-089
MT-EJUTL-062
01-089

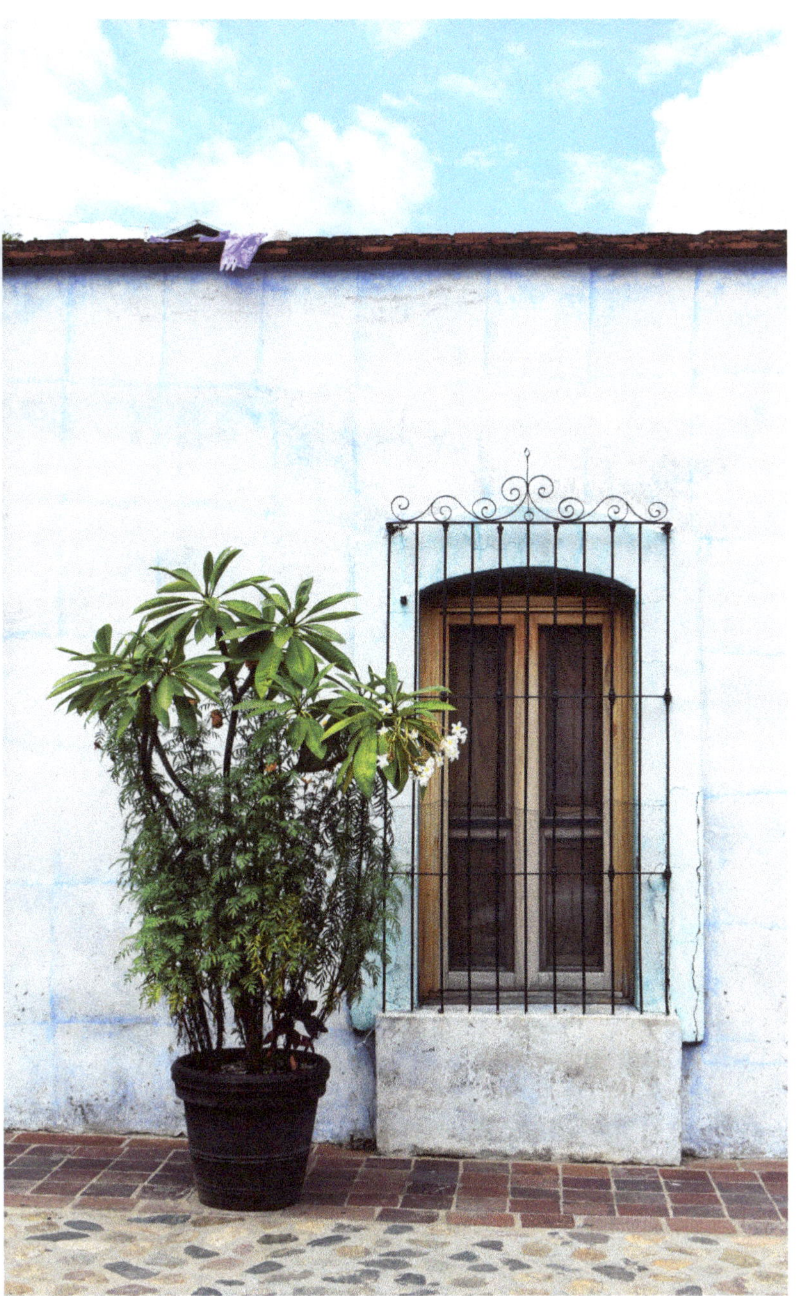

Visitas inesperadas

Ariadna Sánchez Hernández

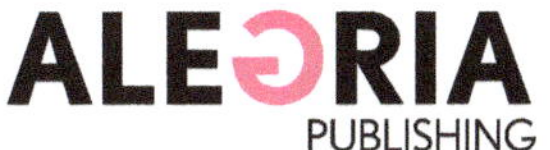

Para los amantes del mole,
las nubes y el mezcal.

Dame tu mano
y por el camino de mi mano,
pásate y éntrate en mi corazón.

Andrés Henestrosa

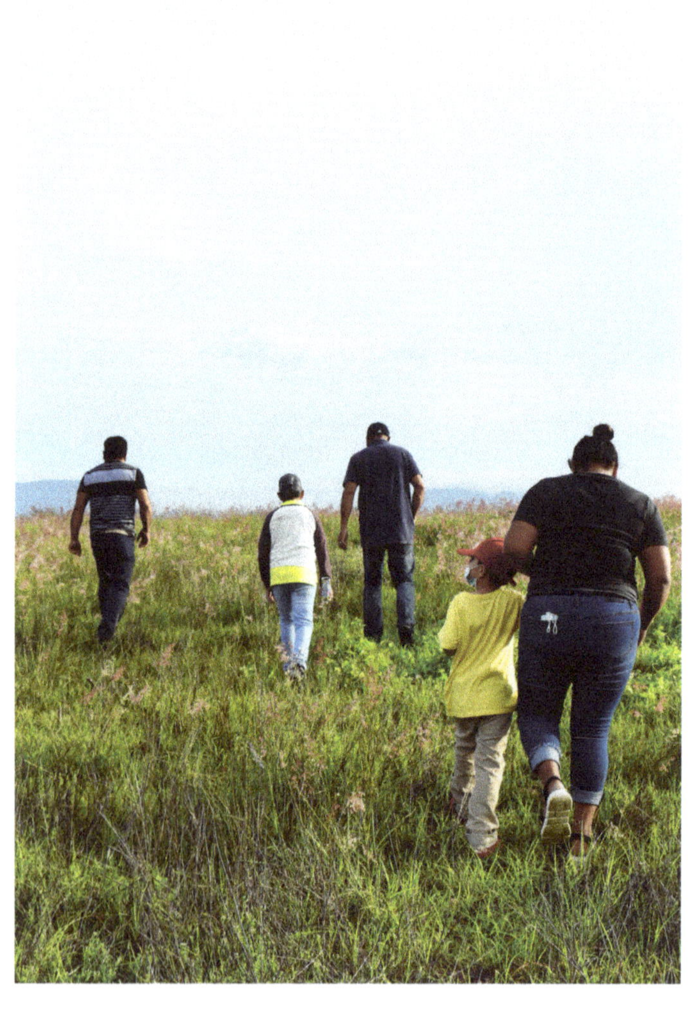

Prólogo

Cantarle a la tierra

Recorrer este libro de poemas es acercarse a la memoria que late en muchas partes de nuestros pueblos. El poema inicial, Ejutla, nos permite adentrarnos en un tiempo y lugar donde todavía es posible dialogar con los cerros y los ríos. La poeta con palabra suave, pero maciza nos cuenta sobre lo que mira, recuerda y sueña. "El olvido no existe /para quien ama con locura" dice en uno de sus versos y es justamente eso, luchar contra el olvido lo que representan estos poemas, sobre todo, para quien escribe en ese otro lado del mundo, al norte más al norte de nuestro México en donde muchas y muchos paisanos siguen tejiendo su identidad y cultura, ya que la migración se ha convertido en una forma de vida para muchas de nosotras, por ello, nos aferramos a la palabra, a la memoria y al latido de una tierra que nos vio nacer y que ahora añoramos en poesía.

También podemos encontrar una llamada al amor y al erotismo en su poesía. Acerquemos nuestro oído al canto que la poeta hace y en el que nos invita a cantar con ella. A lo largo de los poemas podremos compartir con Ariadna su mirada al mundo y al recuerdo, así como disfrutar de una poesía tradicional pero fresca, confesional pero universal.

La poesía es eso, compartir y caminar con la palabra tejida. ¡Enhorabuena!

Nadia López García, poeta ñuu savi

Introducción

Sobre el patio de mi casa, se encontraban durmiendo en hilera las palabras. Las cobijaba el silencio, mientras los recuerdos poco a poco se escurrían por mi memoria como baba de nopal. El cielo púrpura fue testigo de cómo las palabras empezaron a pellizcarme el alma para plasmarlas sobre mi cuaderno. De ahí en adelante, estrofa tras estrofa fue dando vida a *Visitas inesperadas*. Al desenrollar las vivencias y el legado de mis ancestros, me di cuenta de la enorme riqueza que tengo. Como consecuencia, sentí el llamado de honrar a mis abuelos, mis padres, mis hermanas y hermanos; en una palabra, mi comunidad. Aun así, me negaba a ver ese lado creativo que habita en mi. Por suerte, retomé el hábito de la escritura lo cual produjo una cascada de inspiración y nostalgia. Esa nostalgia fue el ingrediente principal para la colección. Además, la pena de verme ausente de mi patria y la impotencia de no abrazar a mis seres queridos en Oaxaca a raíz de la pandemia, empujó mi pluma a plasmar con más fuerza ese torbellino de sensibilidad. De ahí en adelante, supe que la escritura más que un mecanismo de sobrevivencia sería la herramienta para crear una obra de arte.

Con un toque oaxaqueño, cada poema que a continuación leerás, resume la esencia de mi ser. Versos montados sobre los lomos de los cerros, narran la experiencia de vivir en dos países. Primero, los poemas bañados con aromas del campo, albahaca, hierbabuena y ocote te transportarán a mi tierra; la tierra donde abunda el ejote, Ejutla de Crespo. Segundo, encontrarás palabras inocentes como los dientes de leche. Surcando sueños y tintineando con el viento hasta convertirse en mujer. Tercero, las palabras ya maduras y envueltas en hojas de maíz te presentan mis desafíos, mis miedos, mis triunfos y mis anhelos como inmigrante en la unión americana. De tal manera que, al sumergirte en la lectura, te toparás con mi corazón de madre, hija, estudiante, esposa y amiga que vibra con el cielo de Oaxaca mientras sigo mi caminar por la ciudad de Los Ángeles, California. Así es *Visitas inesperadas,* irse para volver siempre. Entre ráfagas de color, te voy a mostrar un pedacito de la grandeza y belleza de mi pueblo. ¡Qué disfrutes esta oda a la poesía!

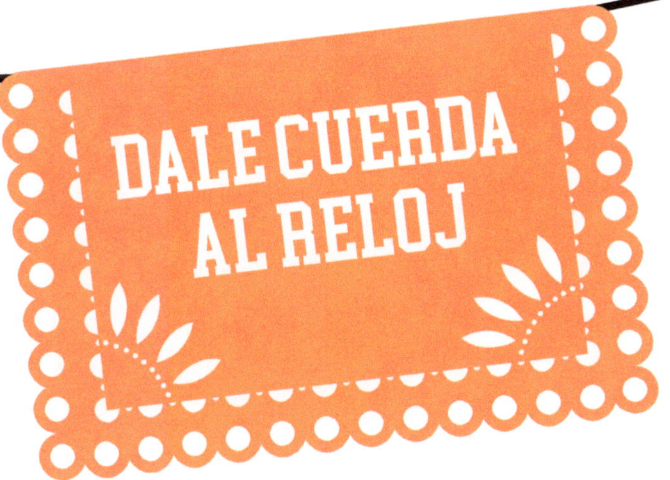

Visitas inesperadas

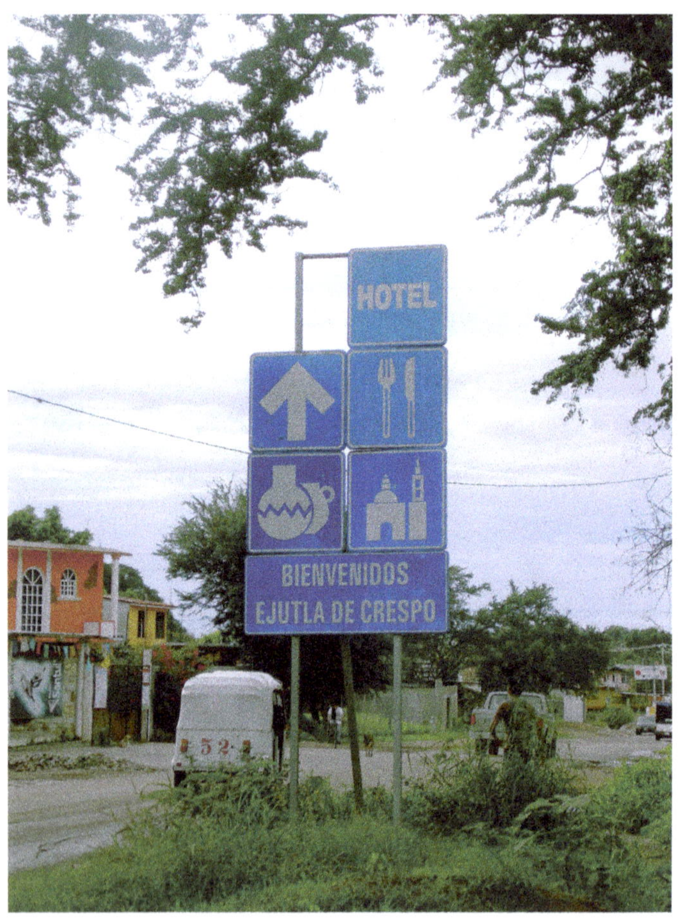
HOTEL
BIENVENIDOS
EJUTLA DE CRESPO

Ejutla

Soy de la tierra
donde abunda el ejote.
Entre mazorcas, chivos
pollos, mole y guajolotes.

Bailo cuando está nublado
con mi rebozo y huaraches.
Sonrió al mundo,
alzo los brazos al cielo
venerando a la Madre Tierra,
¡Qué me ha dado vida!
¡Qué me ha dado tanto!
¡Qué me ha dado todo!

Corro libremente
sin yugo ni freno
soy tan libre y liviana
como papalote en el cielo.

Quiero siempre estar así
conviviendo con el viento y la libertad
sin cadenas o ataduras
para volver a sentir
una y otra vez
el compás de lo infinito
al caer el atardecer.

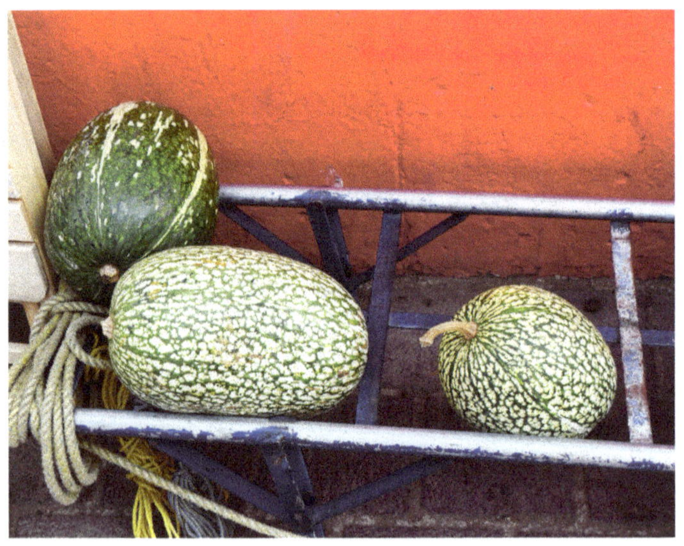

Lluvia

Los rincones se humedecen,
el aire y las nubes juguetean
enredándose con los ecos de las gotas,
mientras el olor a tierra mojada
salpica los sentidos
entre risas a medio monte.

Con la lluvia reciclo palabras:

mujer

madre

chilacayote

comal

gladiola

Perpetuando las fragancias primorosas,
y al estirarlas por las esquinas del tiempo,
danzan bajo el roció de susurros
para dar paso a la canción de la vida.

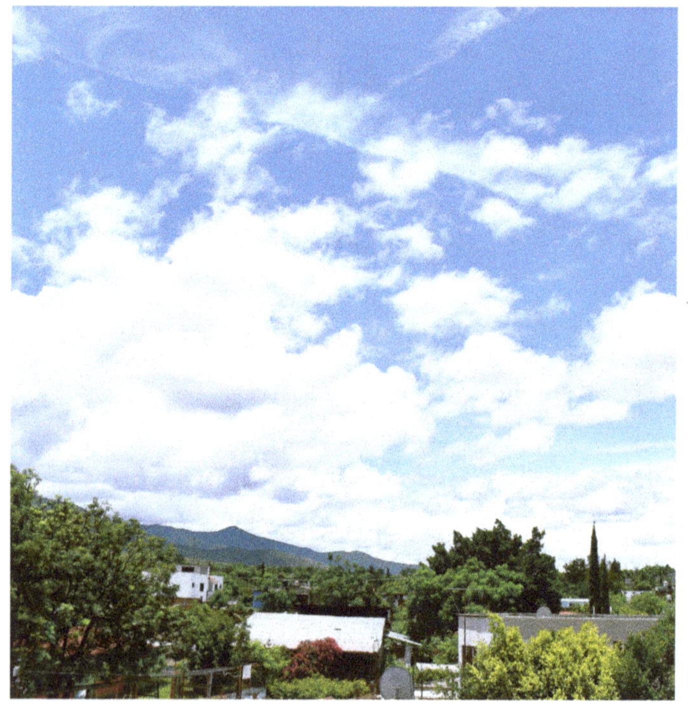

Doncellas de algodón

Tengo celos del viento
que baila contigo por todo el cielo.
Mueves tu hermosura
segundo tras segundo
sin remordimiento o pena alguna.

Y yo tan inútil,
tan pasmado
contemplando tu paso
por el añil del cielo
que me deja petrificado.

Destellos de luz
rodean tu silueta
¡Oh, gran doncella de algodón!
vestida de gracia en las alturas
bailas y bailas con tanta finura.

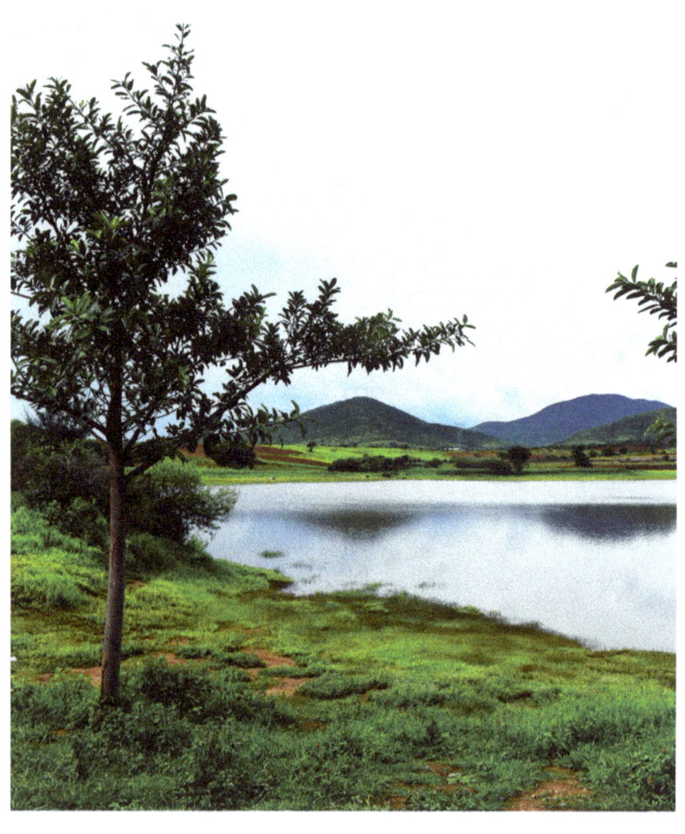

Volverás a retoñar

Cuando el suelo se seque
y el recuerdo de las últimas aguas
fantasmee en la memoria,
llegará de golpe el torrencial aguacero
que mojará la tierra árida,
devolviéndole la esperanza
a los dormidos campos,
inyectándoles algarabía y luz
a la dulce espera de los retoños.

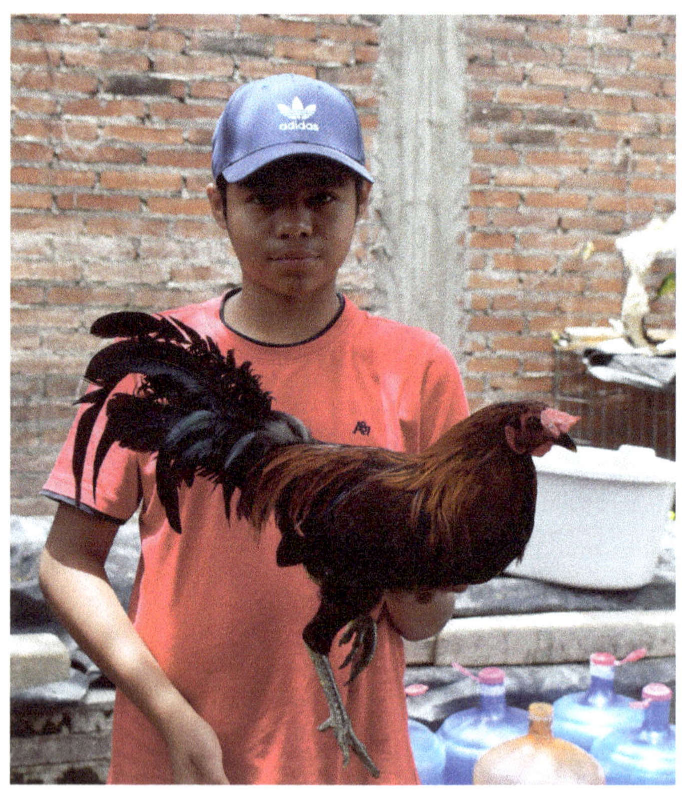

Calor del sol

El canto del gallo
proclama el comienzo
de un nuevo día,
renovadas esperanzas
como ciruelas en almíbar.

Relincha el caballo
al ver el sol salir,
sus orejas se adornan
de un fulgor sin fin.

Flores silvestres
que adornan los campos
rebozan de gozo
en los verdes prados.

Estrella primorosa
Como tú, ninguna
gracias por tu llama
que eclipsa amarguras.

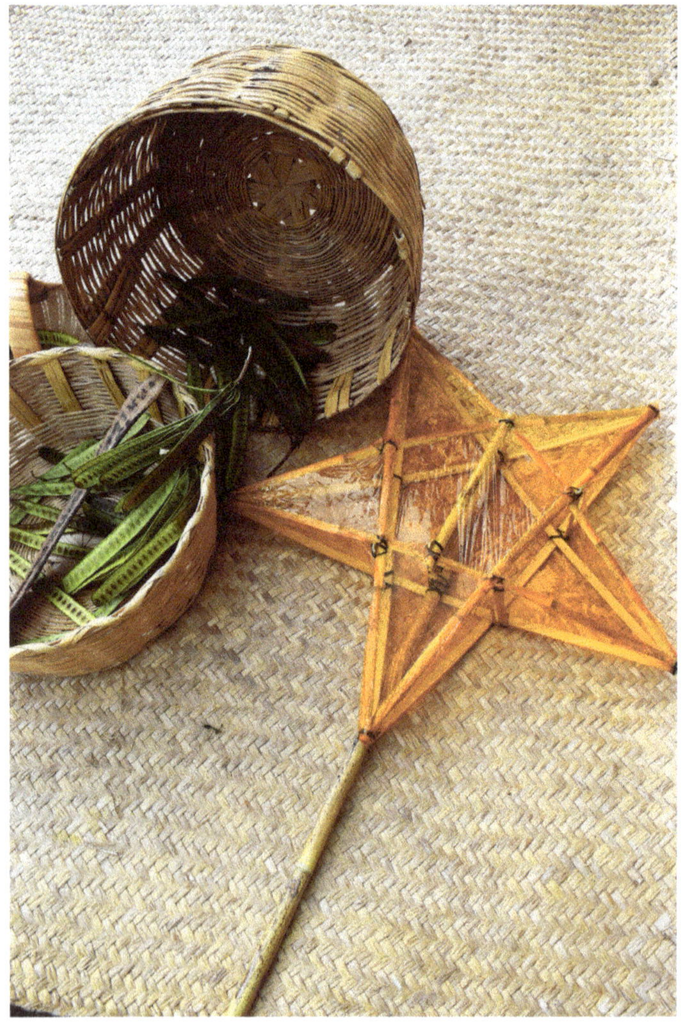

Huajes

Guarda en un canasto
el lenguaje de los huajes
y toma fotografías a color
para tatuarlas después en la memoria.

Llénate los bolsillos de palabras
y recoge varias ramas verdes de esperanza
para sembrar en tu nuevo hogar.

Sólo basta ese pequeño instante
para volver a mirar atrás
y escuchar a la distancia
la voz de los abuelos.

Acuérdate de lanzar palabras
a los cuatro vientos
como letanía dominical de medio día
cuando te encuentres sola o pérdida.

Que la lluvia de tus ojos
curen las ámpulas de tus manos
y las plegarias picoteen la soga pesada de tu cuello
al caer la noche después de trabajar.

En las noches de amor
regresa cada palabra cariñosa
y perfora la distancia
de tu vientre y su cuerpo
para volverse uno.

Sigue siempre trenzando historias
-con alas de colibrí-
custodiando las flores de la mañana
e inhalando paz al son de la chirimía.

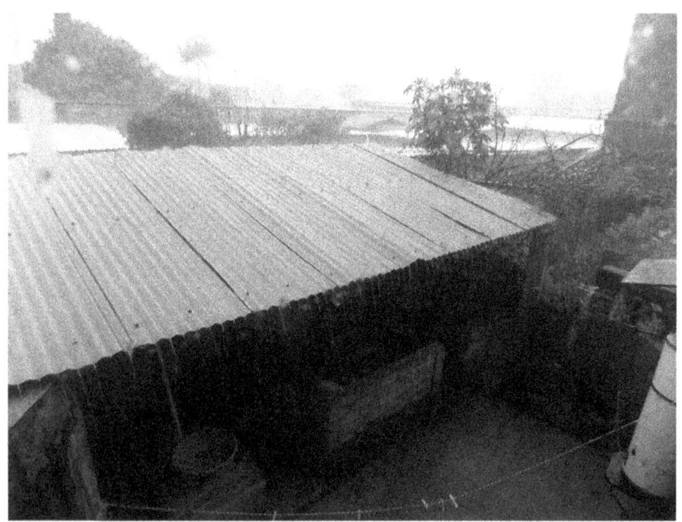

Panza llena

La tarde está fría
por el tremendo aguacero
que cubre al pueblo
de granizo, relámpagos y truenos.

La negra noche tiene una gran batalla
con las tripas sonoras de mi panza.
El cansancio pide
cobijas y almohadas
mientras la barriga
demandan leche tibia y empanadas.

Pensándolo bien, no es mala idea
dormir y soñar con la panza llena.

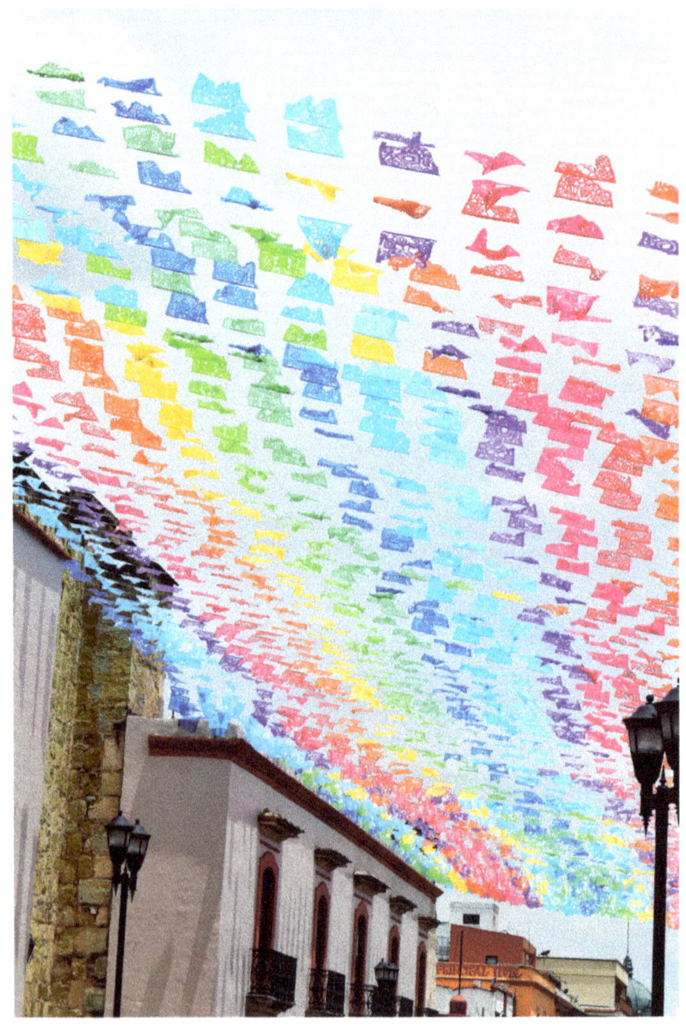

Papel picado

El viento zapatea eufórico
al
        chocar
con
        el
papel
        picado.

En las alturas ejecutan
una danza cadenciosa
en vísperas del fandango.

Flores, aves y figuras
grabados en diferentes colores
cuelgan como alhajas finas
en el vasto horizonte.

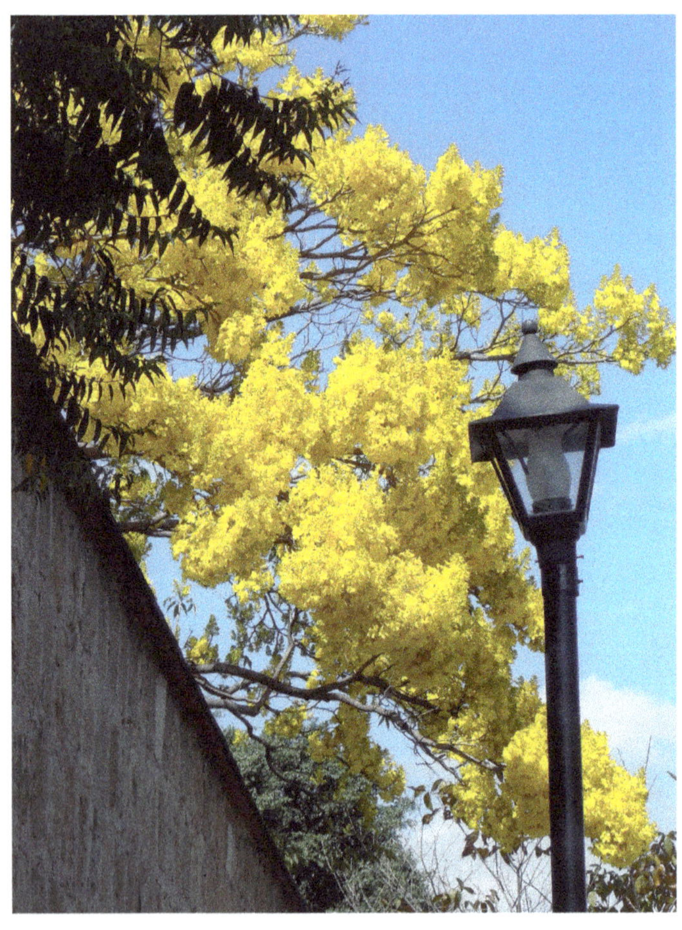

Amarillo felicidad

Lluvia de primavera
amarillo felicidad,
Guayacán majestuoso,
vistes de finura las calles
y los patios de la Verde Antequera.

Tapetes amarillo felicidad
cubren el suelo sagrado,
la tierra de nuestros ancestros
florece cada temporada.

Fiesta de color
bajo el cielo de Oaxaca,
doy gracias a la vida
por lo que ven mis ojos.

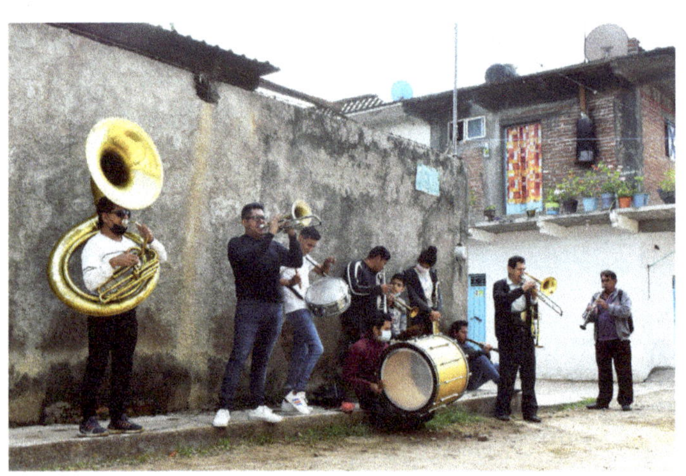

Estamos de pasada

¡Comadre, compadre
bailemos, gocemos!

Comamos gustosos,
bebamos una copita de mezcal
mientras la música de la banda
zapatea con el viento.

Pizcas de júbilo y dolor
por el mundo uno va coleccionando.
Vestigios guarda la memoria
como alcancía de barro.

¡Bailemos, gocemos
porque la vida es corta!
Vuela, brinca, huye.

¡Comadre, compadre
disfrutemos del aroma
de la alfalfa recién cortada,
de la azucena y la gladiola;
porque la muerte aguafiestas
seca todo lo que toca!

Brindemos hoy por la vida
para acordarnos mañana.
Hay que gozar ahorita,
hasta que nos encuentre la madrugada.

¡Salud comadre! Salud compadre!

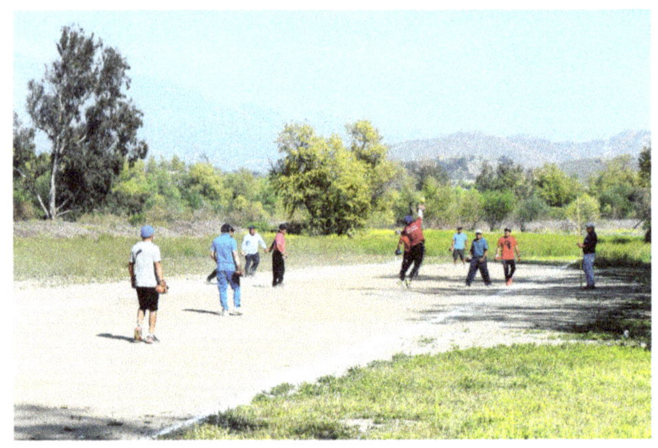

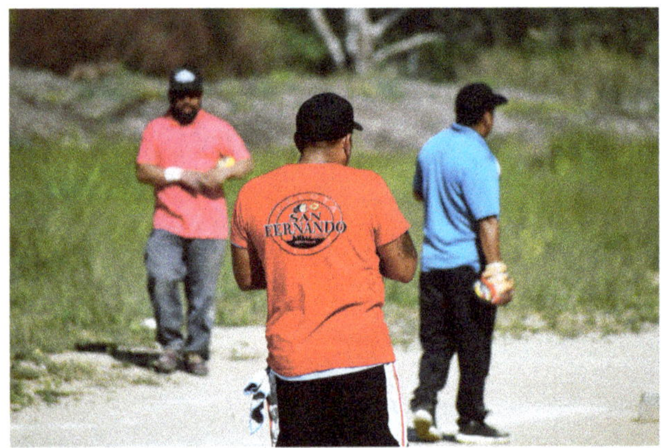

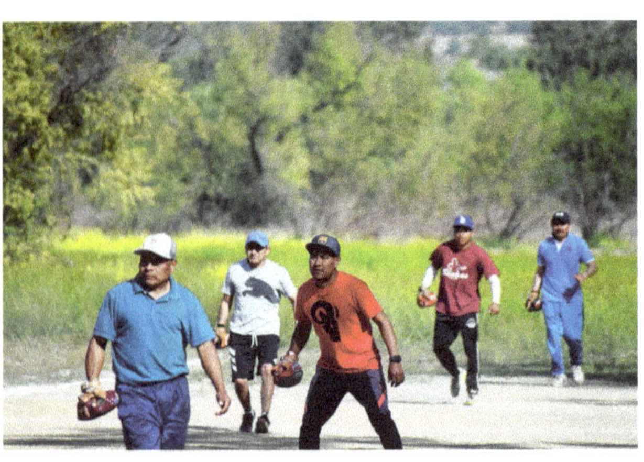

Juego de pelota mixteca

Pueblos sagrados de la tierra
reunidos en actitud de ofrenda.
El juego de pelota,
honra el día y la noche,
la vida y la muerte
el Sol y la Luna.

Bisabuelos, abuelos, papás, hijos e hijas,
generación tras generación,
las quintas del juego de pelota
siguen vivas domingo tras domingo.

Con un carrizo se raya el campo,
se pintan el escás,
la cal baña el suelo para hacer válida la jugada.

"Va de bueno la bola",
cinco contra cinco.
Cuerpos ágiles,
vista clavada en el cielo
y brazos poderosos.
Un espectáculo en nueve por cien metros de largo,
el pasado y el presente se entretejen.

Un partido se conforma de tres juegos,
y cada juego, por cuatro tantos.
Vamos contando: quince, treinta,
cuarenta y un juego.
¡Ahí está el chacero, anotando los tantos!

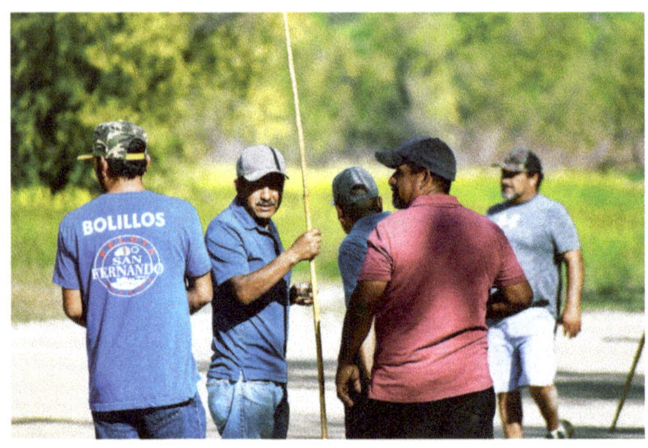

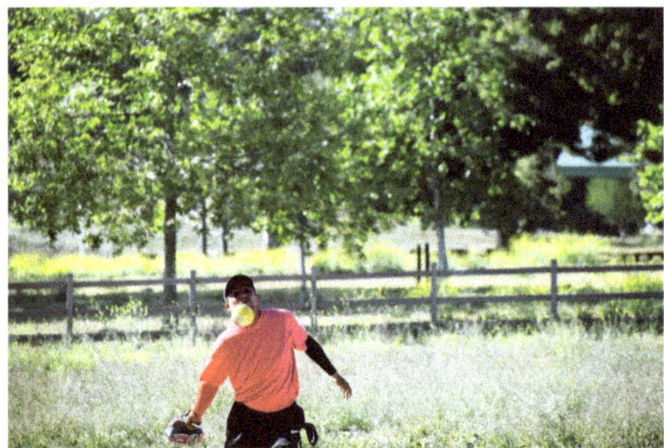

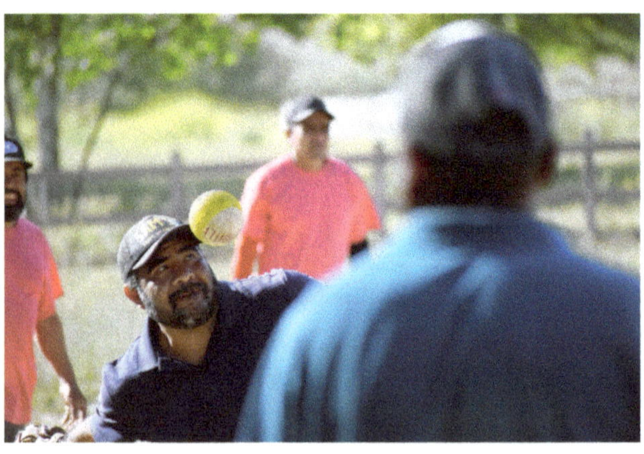

Los guantes pesados maniobran en rima,
al roce de la caprichosa pelota de hule,
conservando en la memoria
el paisaje encantado de magnos movimientos,
herencia de los antepasados
atravesando fronteras y desafiando eras.

Viaja el legado de los pueblos
en cada corazón apasionado,
son los hijos e hijas
la promesa del juego.

Que nunca falten encuentros
en pos de la hermandad.
Y la fuerza de la pelota derribe
la apatía y la adversidad.

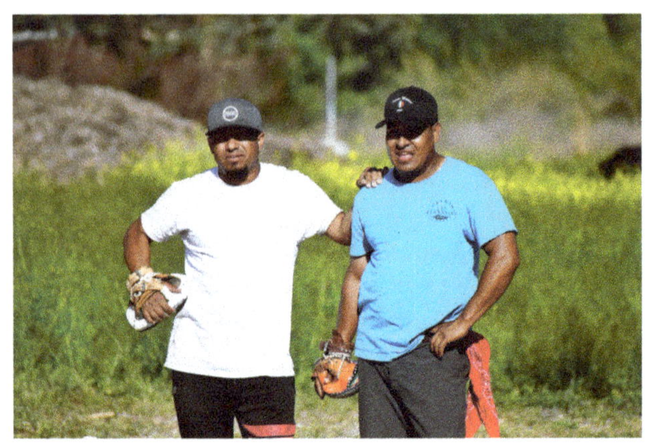

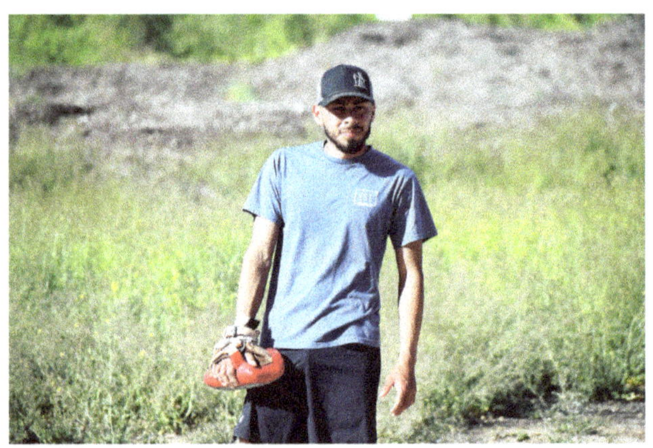

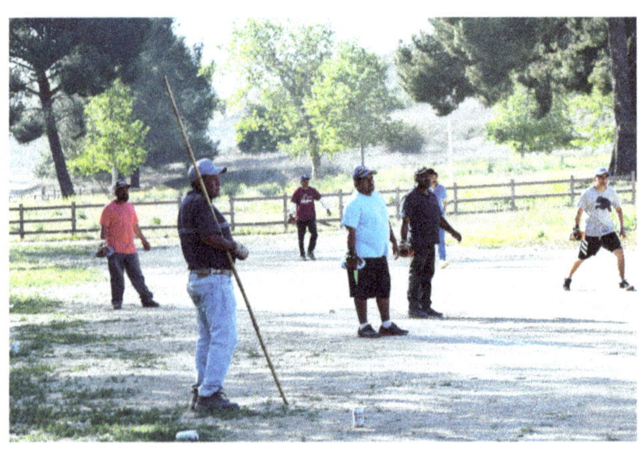

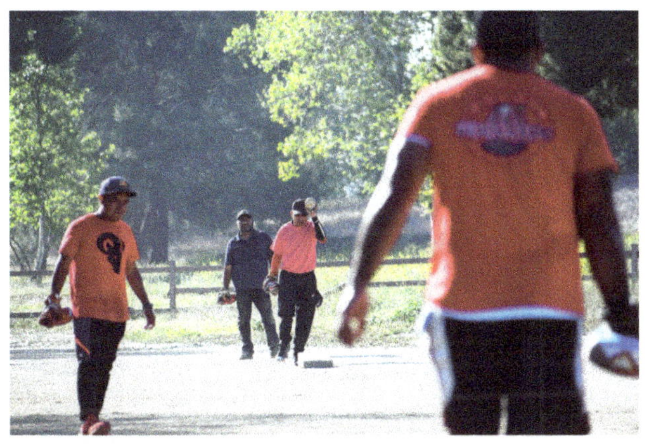

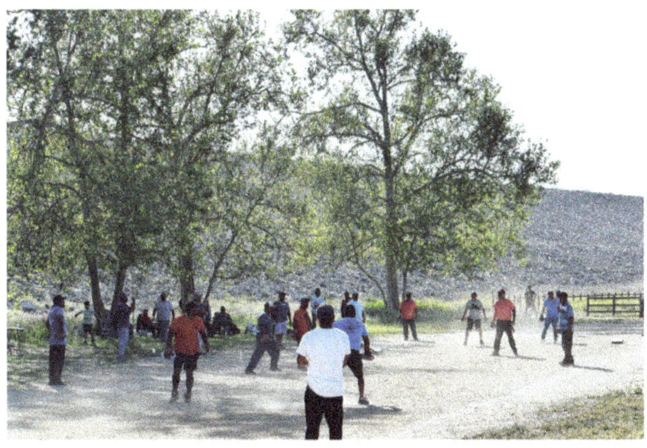

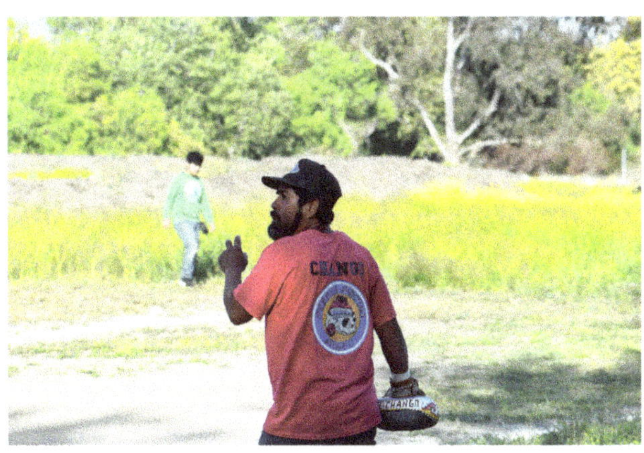

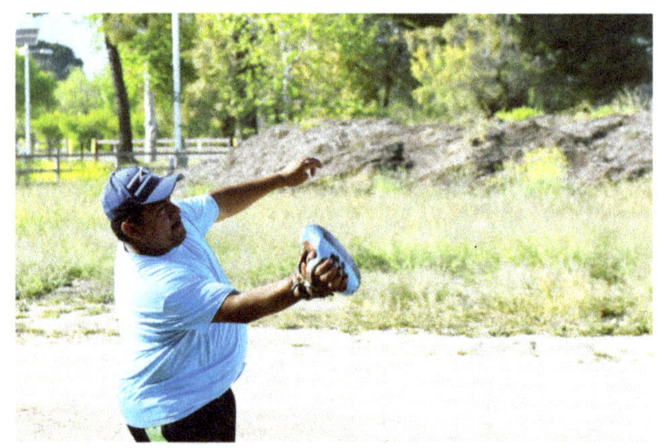

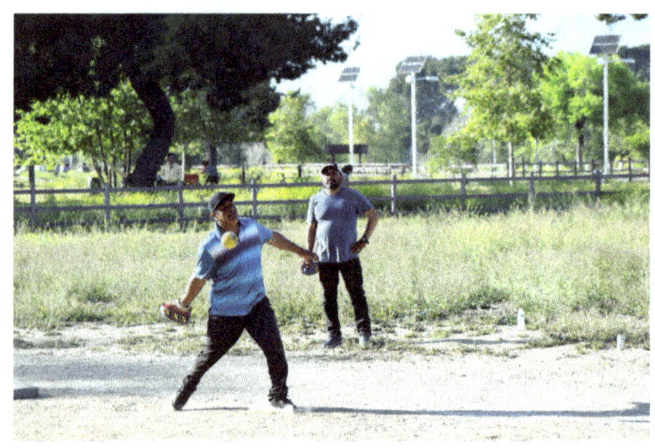

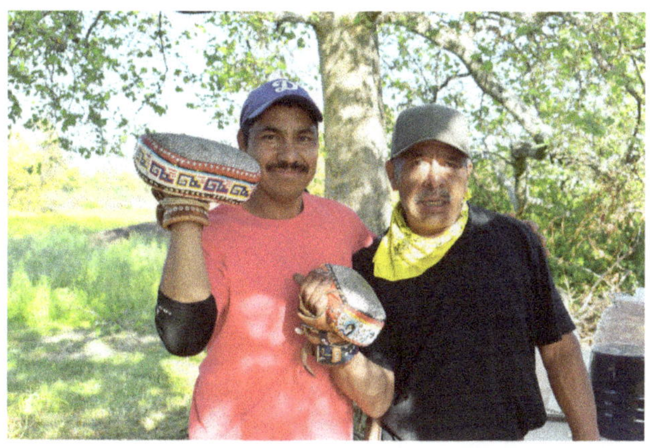

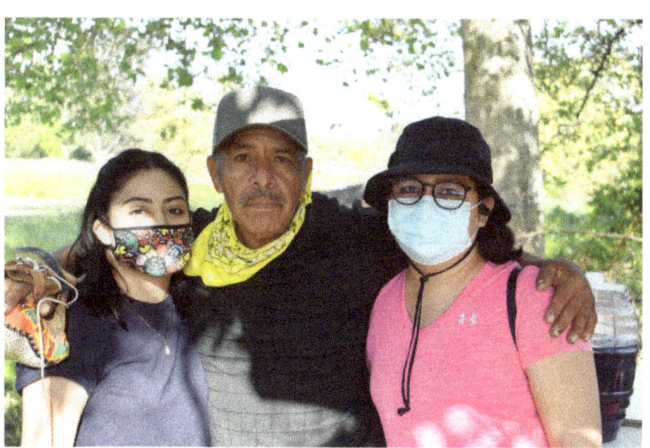

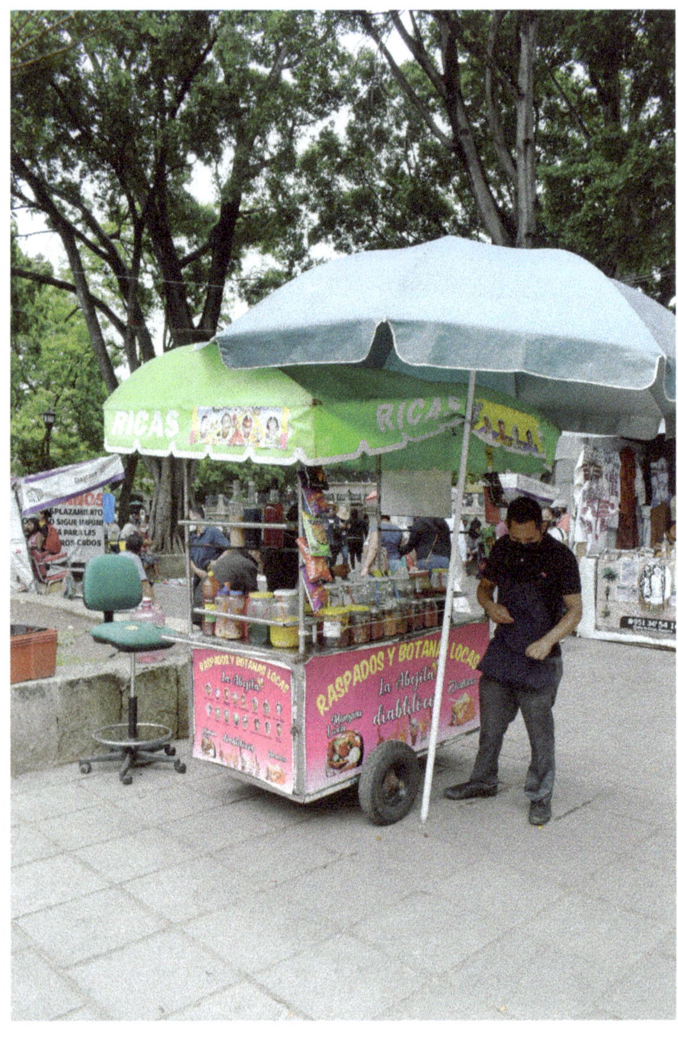
RICAS
RICA
RASPADOS Y BOTANA LOCAS
La Abejita
diablito

Anímate

Vamos al zócalo por un raspado
de tamarindo, piña o limón rallado.
Saborearemos el rico manjar
mientras las horas desfilan sin cesar.

Anímate, no lo pienses tanto
disfrutaremos del cielo azul
rodeados por la multitud.
Sincronicemos los latidos
a un mismo ritmo
como orquesta filarmónica
que cautiva los sentidos.

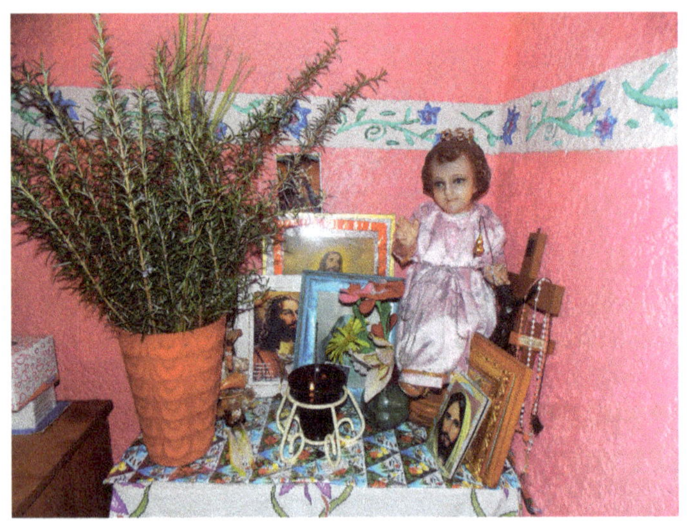

Santitos

Licha tiene muchos santitos
grandes y chiquitos.
Ojos azules, negros y café
es un deleite verlos una y otra vez.

Unos están descoloridos
el paso del tiempo los ha consumido,
otros brillan como el sol
-resalta el polvo que hay en la habitación.

Y qué decir de los de papel
estampitas variadas, dignas de colección
puestos en fila como soldados del batallón
todos bien ordenaditos
desde el más alto hasta el más bajito.

Son los escuderos de Licha,
que pasa las horas sentada
en la esquina de la sala,
interviniendo por las almas
que transitan por las calles empedradas.

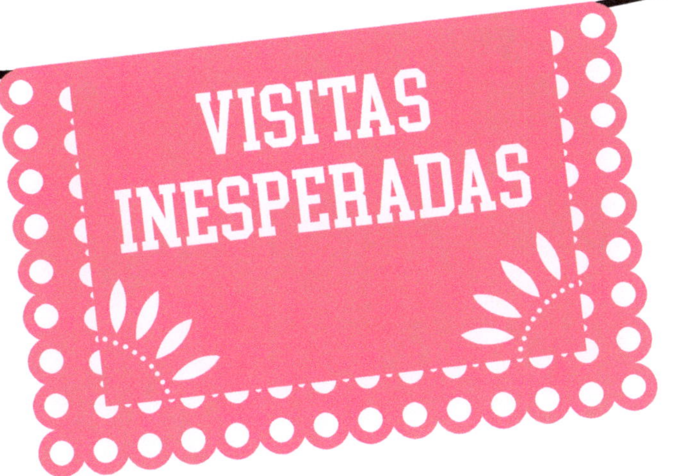
VISITAS
INESPERADAS

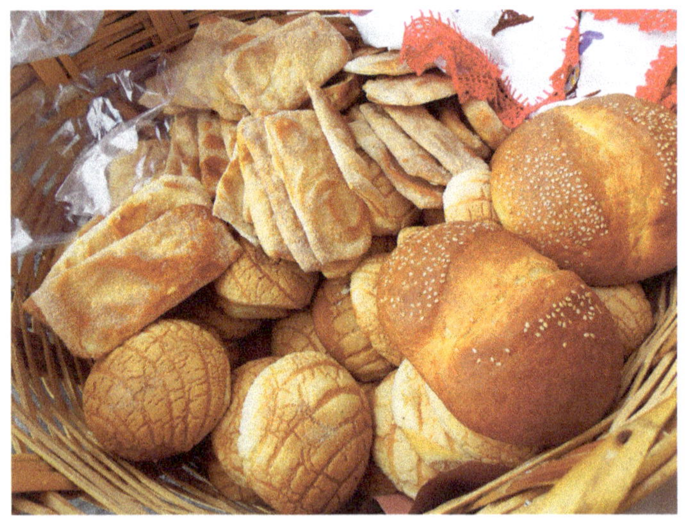

Adiós

El amor de tantos años
acabó en el fondo de una taza de chocolate
y la mitad de mi corazón
falleció entre las rebanadas de pan dulce.

Así fue nuestra despedida,
mezclando azúcar con agua salada.
Ese último adiós,
aún lo llevo abrazado a mi ombligo.

Voy por la vida en automático,
volcando momentos agridulces
en la jícara de mi memoria.

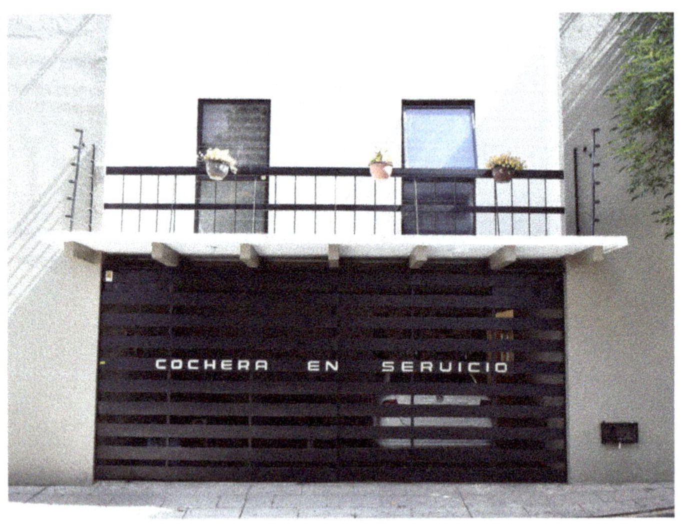
COCHERA EN SERVICIO

MMXX

intentando entender aquel galimatías
el alma en vilo
pueblos desconsolados
vorágine ruidosa y absurda
imprevistos desenlaces
las fronteras cerradas
familias separadas
llanto en las esquinas
llamadas de larga distancia
dispositivos electrónicos en apogeo
el hogar se convierte en escuela, oficina, gimnasio, templo
agotamiento físico y mental
el gato maúlla poco entre semana
ladridos roncos
amando el silencio
ansiedad juguetona entre cuatro paredes
irritación congelada
miedo mucho miedo
...pero también mucha esperanza
el personal de salud, trabajadores agrícolas y voluntarios los héroes sin capa
se paraliza la ciudad y los huesos
y es cuando te das cuenta:
-que la vida es frágil y a la vez bella
-que somos polvo
simples mortales disfrazados de dioses.
He aquí la pandemia.

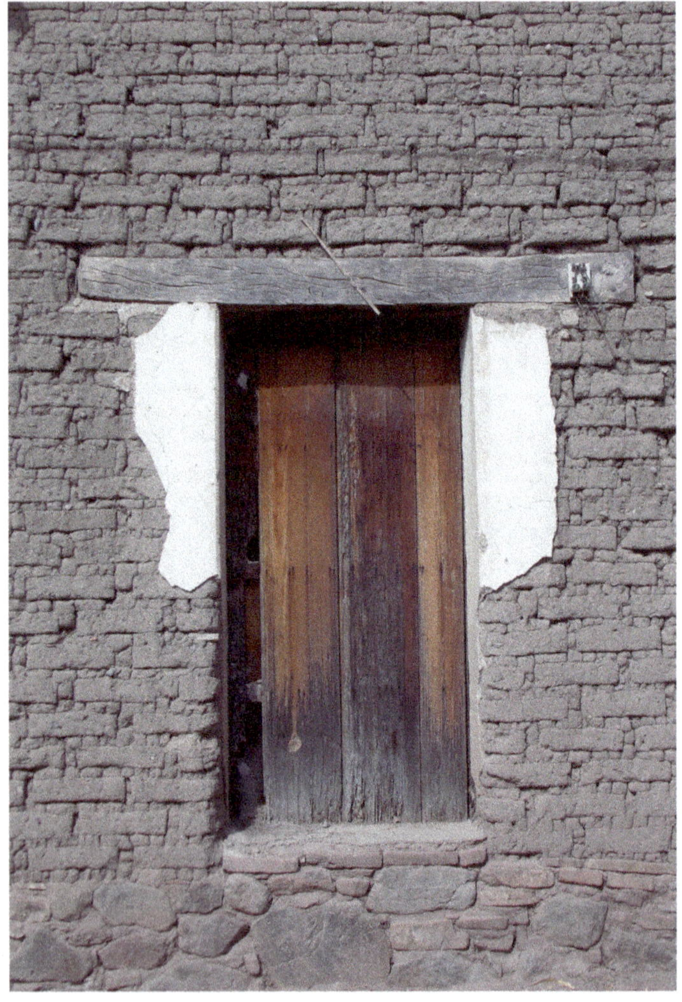

Bala

La pequeña casa de adobe
fue nuestro santuario
donde la dicha
saltaba de lado a lado.

Sencillo y modesto
nido de amor
para dos almas
que la vida juntó.

Días de sol, granizadas también.
Todo cambió en un dos por tres.
La bala robó
tu aliento a miel
se apagó tu luz
y ciega quedé.

El dolor anida
entre mis entrañas
los poros respiran hiel
desde aquella mañana.

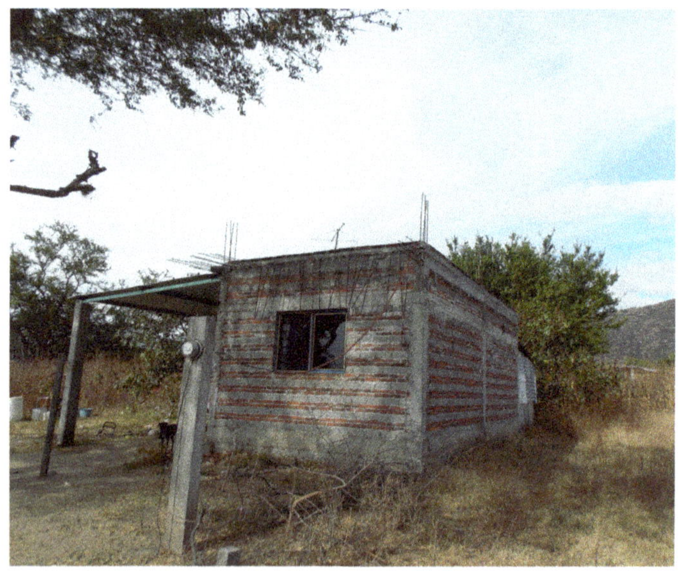

Ausencia

Huérfana quedé a la edad de diez años
viviendo en el orfanato de la soledad
sin padres a quién querer o abrazar.

Mis hermanas lloraban todas las noches,
el consuelo se ausentó de la casa.
Me acuerdo estrecharlas fuertemente en mis brazos
sintiéndome incapaz de arrancarles el dolor de sus entrañas.

Se fueron muy lejos
al otro lado del río
a buscar oportunidades
dejándonos el corazón partido.

No sé cuándo volverán
no sé si se acordarán
que hay tres almas afligidas
que añoran su calor
en esta casa vacía.

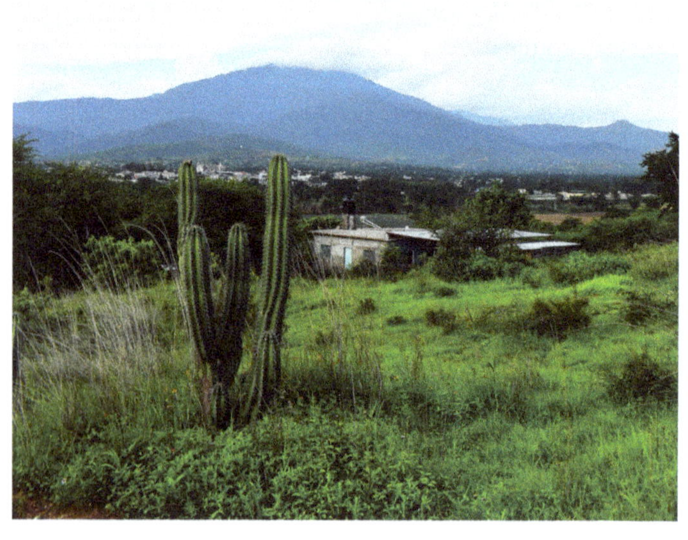

Valle de lágrimas

La lengua está pegada al paladar
y la garganta seca de tanto exclamar justicia.

Sumidas en un barril sin fondo
flotan las averiguaciones
mientras los informes oficiales
se dedica a engordar archivos
de un sistema amañado.

En el valle de lágrimas
abundan las plegarias
dirigidas al Todopoderoso
por las almas que aún
no han llegado a casa.

¿Dónde están las hijas y los hijos
que brotaron de los vientres de sus madres?
¿O es acaso que el valor por vida dejó de ser
importante?

La justicia no se asoma
ni por debajo de la colina.
El aullido del lobo perdió fuerza
y las mariposas aletean desorientadas
a causa de tanta desdicha.

Los ojos de las madres
se secan al paso de los días
las escasas ilusiones deambulan
por la enorme ciudad entre luces y sombras
como jugando a las escondidas.

La ley se olvido de los ciudadanos
al parecer el gobierno tiene tapados los oídos
ya que no escucha los reclamos
de un pueblo dolido.

Los sollozos de las madres
se quedan atrapados en las azoteas
el eterno valle de lágrimas
seguirá cargando sus penas.

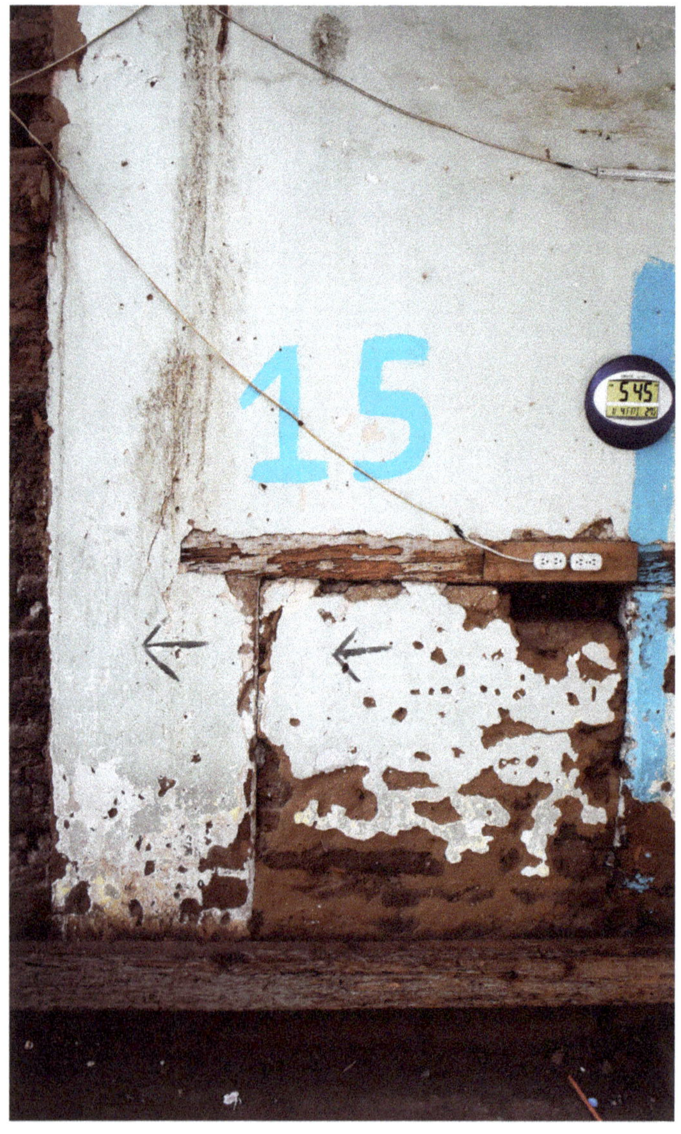

Yo vivo a la orilla de tu alma

Me sumerjo una y otra vez en las sábanas,
respiro puntual al ritmo del reloj.
En el borde de la cama desaparecen
y se vuelven a dormir
las dudas con los recuerdos marchitos.
Salto como sapo
remando en una barca vacía, a la otra orilla de tu alma.

Con cautela y desvelada,
sigo silenciosa
recorriendo las pesadas
y turbias esquinas de tu espíritu,
para darme cuenta que he chocado duro
con el muro de la soledad.

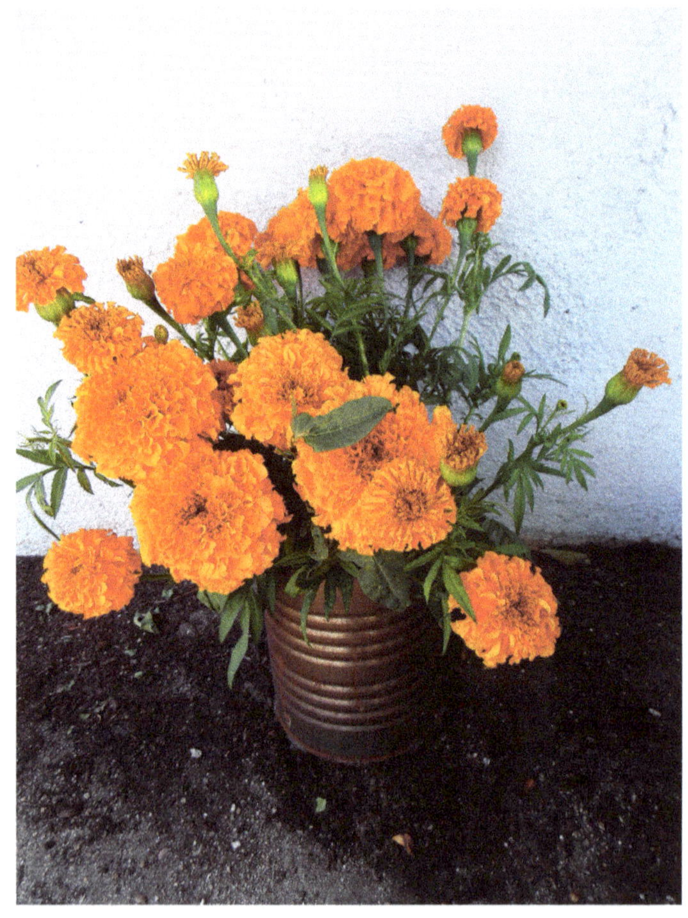

Dolor

El dolor me enseña a escuchar las carcajadas de las piedras.
El dolor me enseña a estar consciente de las sombras.
El dolor me enseña a caminar bajo un mar de nubes.
El dolor me enseña a ser mujer pájaro.
El dolor me enseña a zurcir la herida con hilo de cáñamo.
El dolor me enseña a oler el cempasúchitl y el copal.
El dolor me enseña a romper el cordón del apego.
El dolor me enseña a bordar nuevas historias.
El dolor me enseña a trenzar esperanza.
El dolor me enseña a sembrar semillas de afecto.
El dolor me enseña a sentirme viva.
El dolor me enseña a empezar de nuevo.

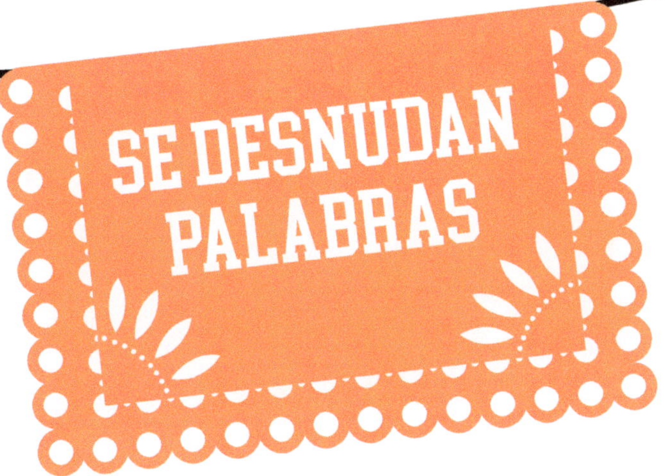
SE DESNUDAN
PALABRAS

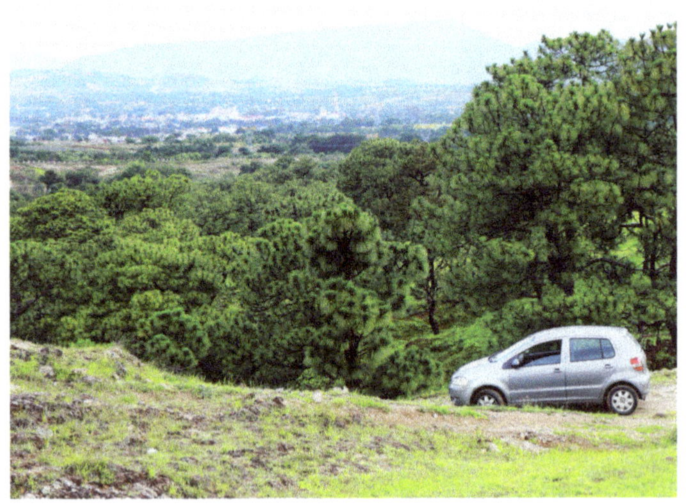

Luna

Llévame a lo más alto del monte
quiero darle celos a la luna.
Quítame lentamente la blusa
y deja mi pecho al descubierto.

Anda, no tengas pena ni compasión
suelta las riendas de la pasión.
¡Aquí no hay condena ni censura!

Luz de luna reluciente,
testigo fiel de mi locura
déjame sentirme libre y amada
sin remordimientos ni ataduras.

¡Qué la noche sea solo nuestra,
aunque mañana la altanera
se burle de nosotros,
cuando cada quien
duerma junto a otro!

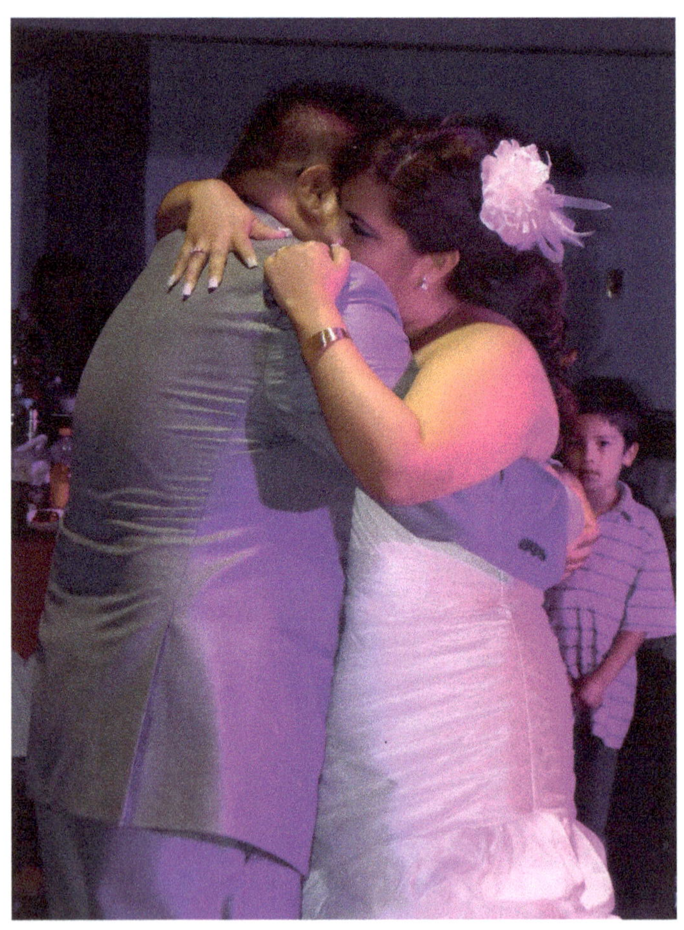

El poder de un beso

Un beso engancha los cuerpos humeantes
la brújula del alma estremece y revienta
al contacto de unos labios refrescantes
como té de hierbabuena.

En un beso el mundo se transforma
la rebelión de la lógica
toma un rumbo desconocido
el motín es conquistar a la criatura
que provoca insomnio y suspiros.

Besos húmedos, de piquito,
en las orejas o en las mejillas,
en el cuello o quizás en las rodillas.
No importa el lugar, no importa el cómo.
Besos de día, besos de noche,
besos robados, besos prestados.

Un beso desnuda el alma
te cura de varias dolencias
besar es crear arte
besar es escribir poemas.

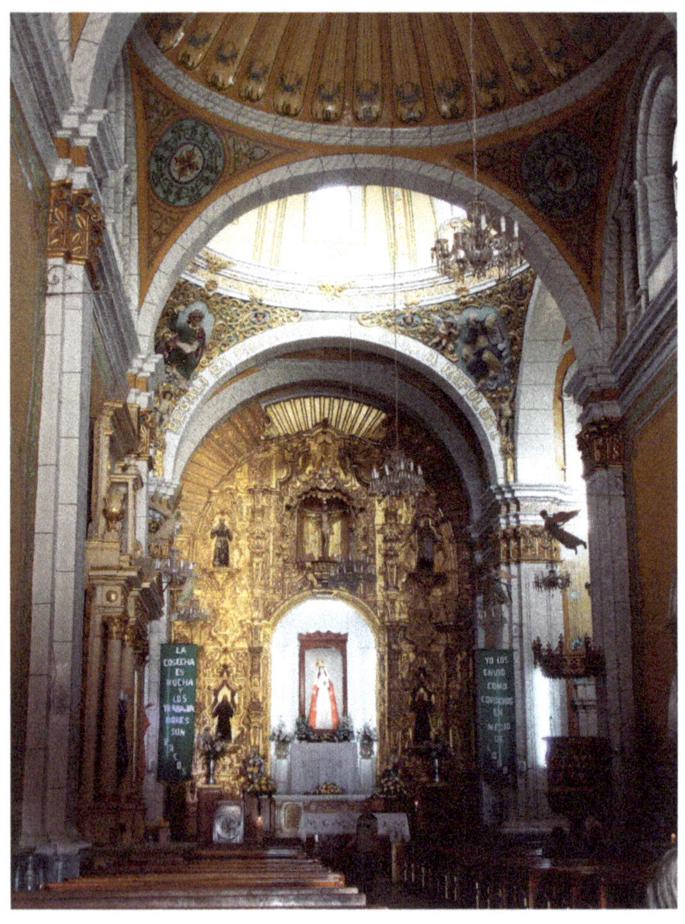

LA
COSECHA
ES
MUCHA
Y
LOS
TRABAJA
DORES
SON
POCOS
YO LOS
ENVIO
COMO
CORDEROS
EN
MEDIO
DE
LOBOS

Efímero

No bastan las fuerzas
cuando los golpes son demasiados.
La piel sigue morada
y el corazón destrozado.

Nada queda
de aquel día soñado,
cuando frente al altar
amor eterno juramos.
Silenciosas huellas de un amor
no correspondido,
siluetas de esperanza
que abandonan el nido.

Marchita el alma.
Oscuridad de luna.
Labios con dagas.
Ecos de amargura.

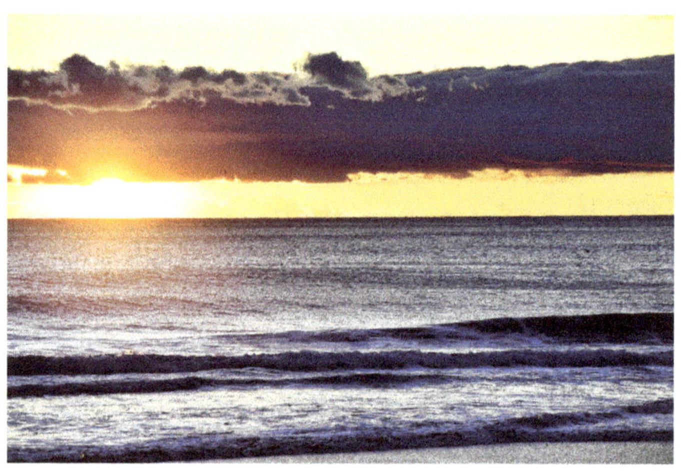

Sin saber por qué

Ingenuo corazón
caíste otra vez
en la trampa del amor
sin saber por qué.

Quizás fueron sus labios
que emanaban dulzura y paz
o quizás fue su fuerza
como las olas del mar.

Ingrato fue aquel
que con mi amor jugó
su hechizo surtió efecto
destrozando mi corazón.

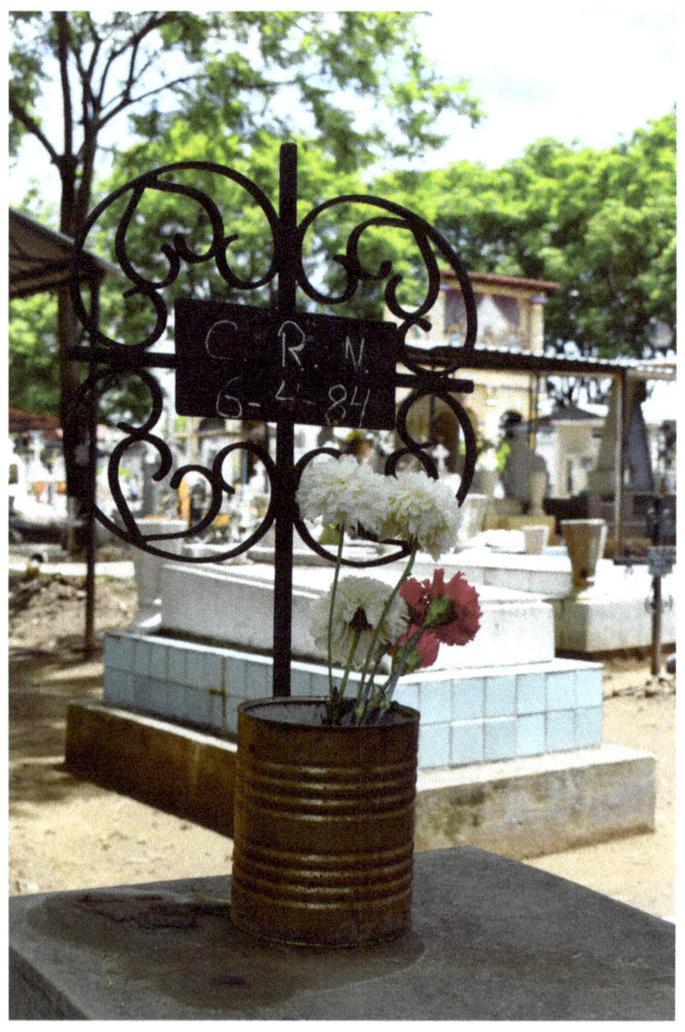
C. R. N.
6-4-84

Camposanto

Iré al camposanto
a llorar mis penas
enjuagar mi sufrimiento
entre las marchitas azucenas.

Flores que adornan
el silencioso sepulcro
vana ilusión es mi esperanza
que se desvanece cual humo.

El olvido no existe
para quien ama con locura
embriagante es tu perfume
que aún me perturba.

Saturas mis sentidos
juegas conmigo a las escondidas
me haces como muñeco de trapo
tu recuerdo brinca en el alma
como chapulín en el campo.

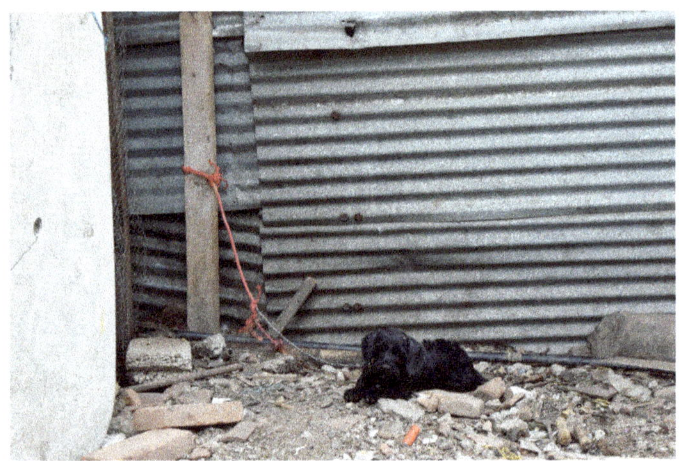

Perspectiva

Al entrar por el angosto pasillo
del techo cuelga la buganvilia morada
que adorna sutilmente el pórtico
de la casona abandonada.

En la pared hay huellas de felicidad.
El eco de las risas resonaba sin cesar.
Los perros ladran presagiando el arribo
de un nuevo porvenir
un aire fresco se cuela
entre los paredones
como remolinos de abril.

El murmullo de la Tierra
cuán presto llegó
los oídos se abrieron
a la voz de la ilusión.

Nuevamente reina
la dicha y la paz
donde algún día hubo
desdicha y soledad.

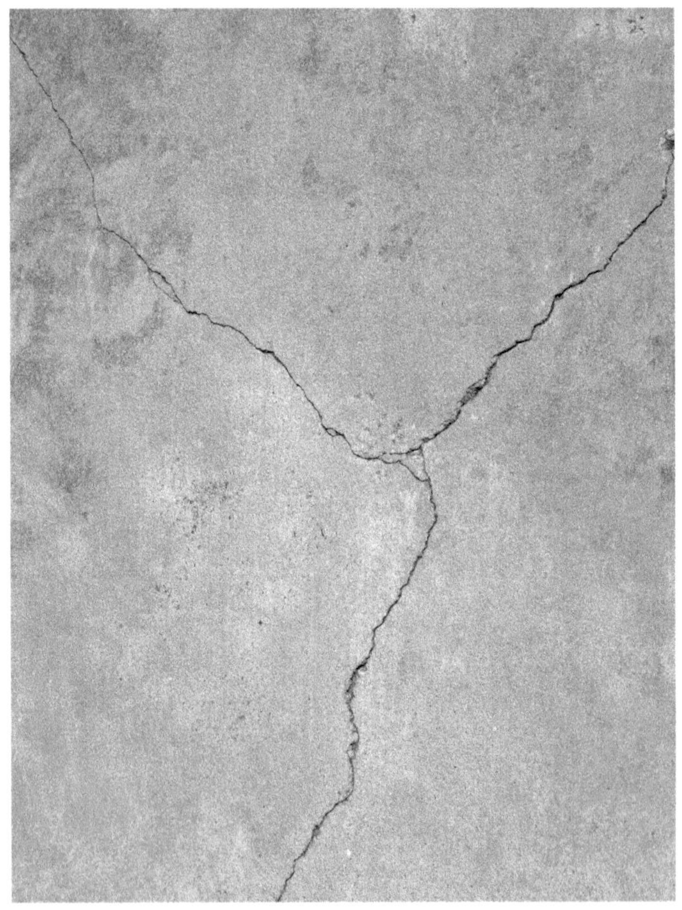

Remolinos de murmullos

Debajo de mi cama
guardo monstruos y cicatrices
ocho libretas con garabatos
y un remolino de murmullos.

Dormir se ha vuelto un lujo
en medio de un enjambre de ideas,
corretean mi conciencia
van de aquí para allá en busca de una madriguera.

A las nueve de la noche,
empiezan a salir voces por las paredes cuarteadas,
el gorgoreo de sonidos
escarban mis orejas.

Las palabras vagas
revolotean encueradas,
el misterio de la soledad chicotea
mi cuerpo de trapo.

Sin apuraciones y despacito,
las pestañas de pronto pesan más y más
hago once buches de agua,
aleteo sin fuerza hasta caer de cara
en los diminutos fragmentos de la paz.

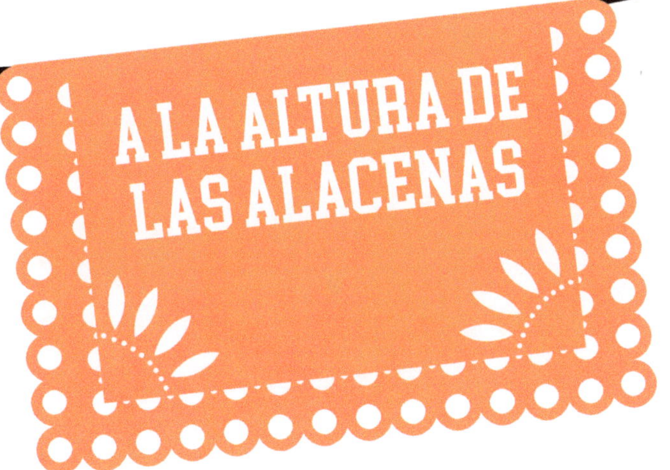
A LA ALTURA DE
LAS ALACENAS

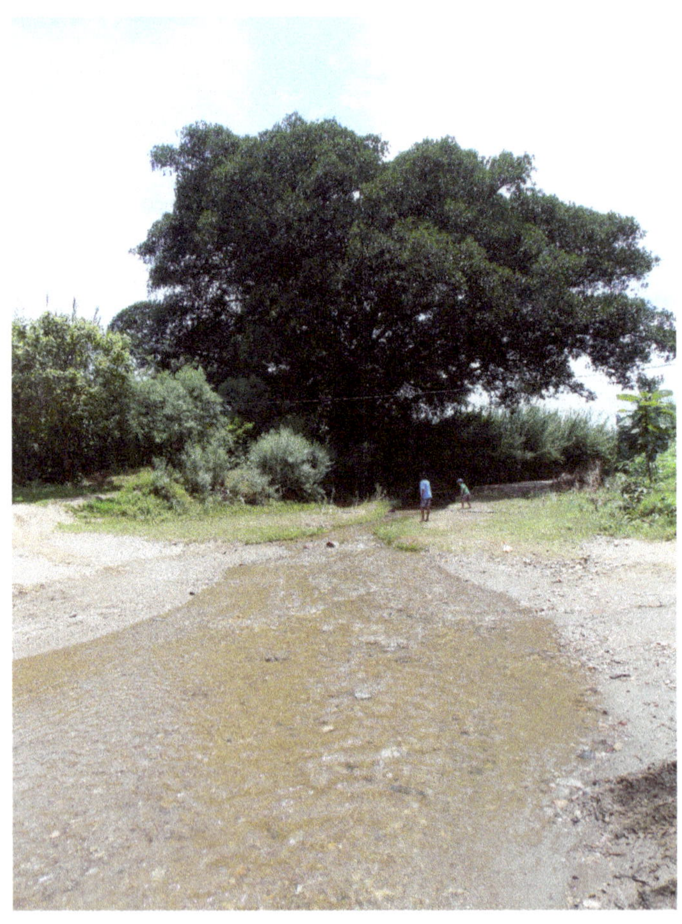

El río

Chapuzones de agua fría
bañan los cuerpos tibios
de los niños que juegan
a la orilla del río.

Los rayos del sol se alistan
para una gran batalla
contra los densos nubarrones
que a lo lejos amenazan.

Encrucijadas de la vida
luz y oscuridad
calor y frío
dicha y soledad.

Juego tras juego
saltos con carcajadas
los niños nadan
como renacuajos de rana.

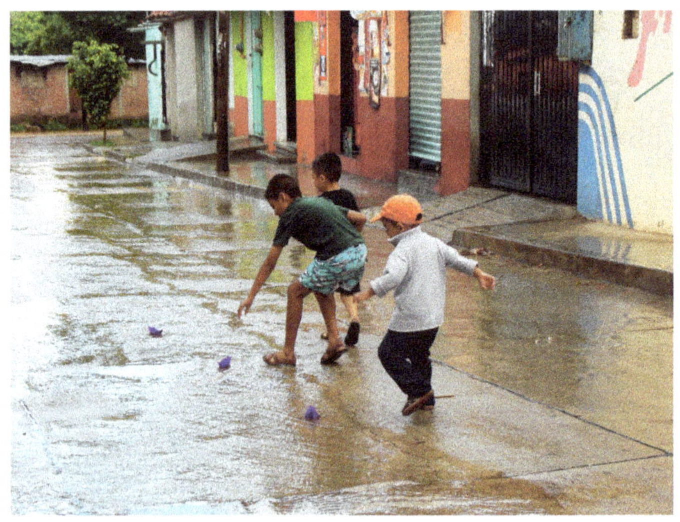

Barquitos de papel

Los barquitos de papel buscan tesoros ocultos
naufragando sobre el agua revuelta
que baja del cerro.

Con cánticos aterciopelados
los niños celebran la hazaña
de ver la nave ligera avanzar
sin brújula ni tripulantes.

Barquitos de papel
suaves como la nata
tan pronto se asoma el rumor del viento
los suspiros ingenuos saludan al cielo.

Son piezas mensajeras
a merced de la Madre Naturaleza,
a la espera de más lluvia
para comenzar de nuevo.

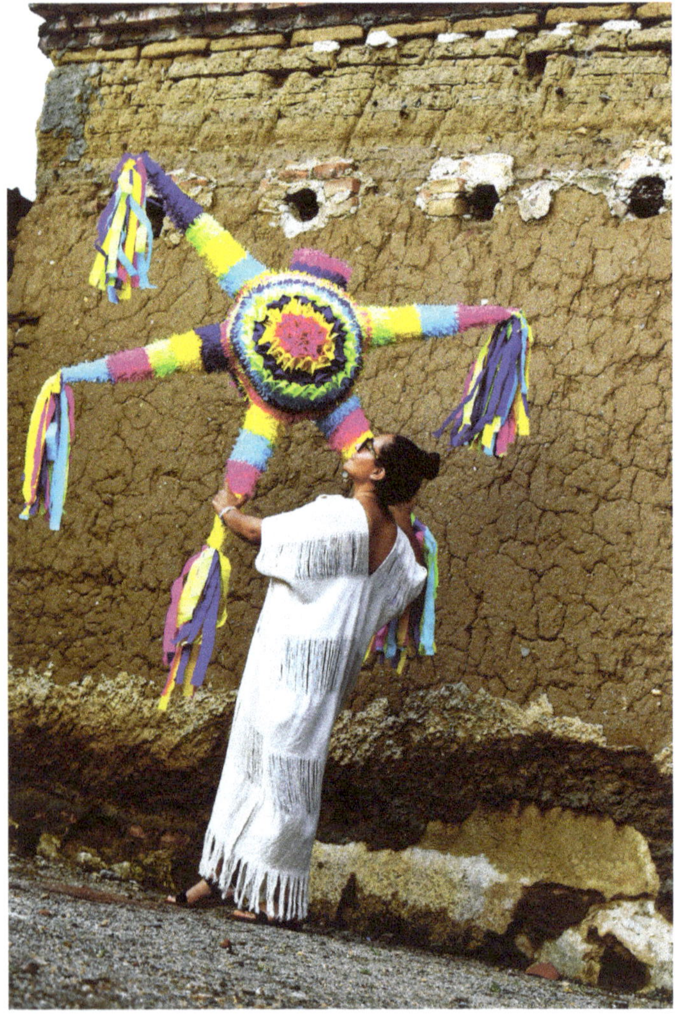

Piñata

Quiero quebrar una piñata
con todos mis amigos
pegarle con mucha fuerza
hasta quitarle los picos.

Tendrá dulces
de varios sabores,
chicles y bombones de todos los colores.

También le pondré
ricas manzanas, jugosas naranjas y
deliciosa caña.

Caerá la fruta y los caramelos
como lluvia de otoño
que cubre los cerros.

Sonrisas y abrazos
serán mis regalos
es todo lo que pido
el día de mi cumpleaños.

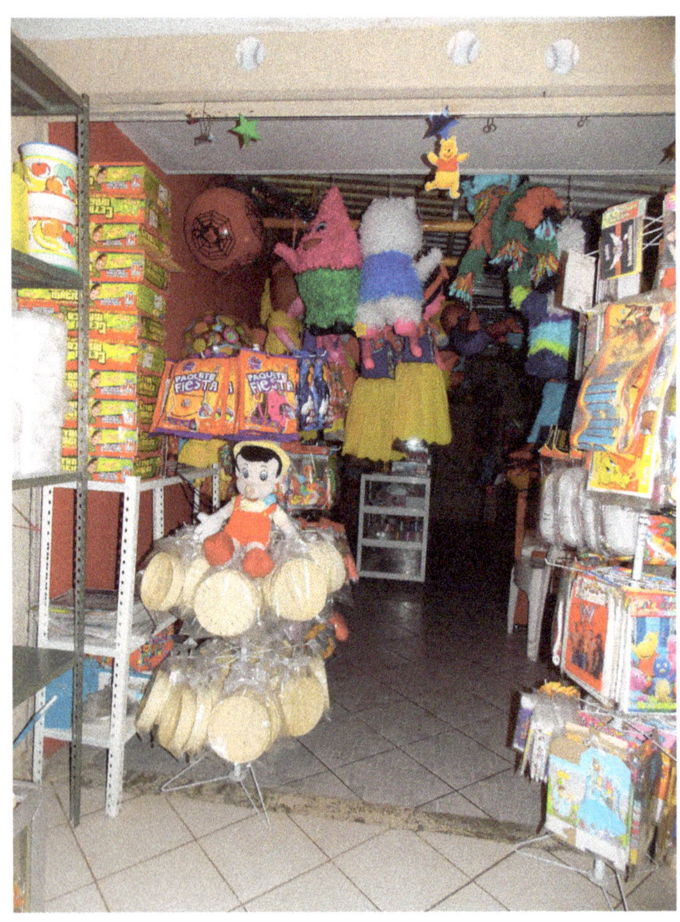

La dulcería de Gaby

Tu mundo es de caramelo
vives entre paletas y bombones
bailas cumbias con las piñatas
por toditos los rincones.

La irresistible fragancia a vainilla
anida entre tus canas
las notas dulces evocan
los buenos tiempos de la infancia.

Serpentinas de colores, globos y confeti
tienes alegres acompañantes
saltando en los anaqueles.

Chocolates, gomitas y galletas
todas las golosinas quiero comprar
también mazapán, cacahuates y mango enchilado
para después de merendar.

Morar en la dulcería
es lo que más anhelo
impregnarme de aromas
hasta que crujan los huesos.

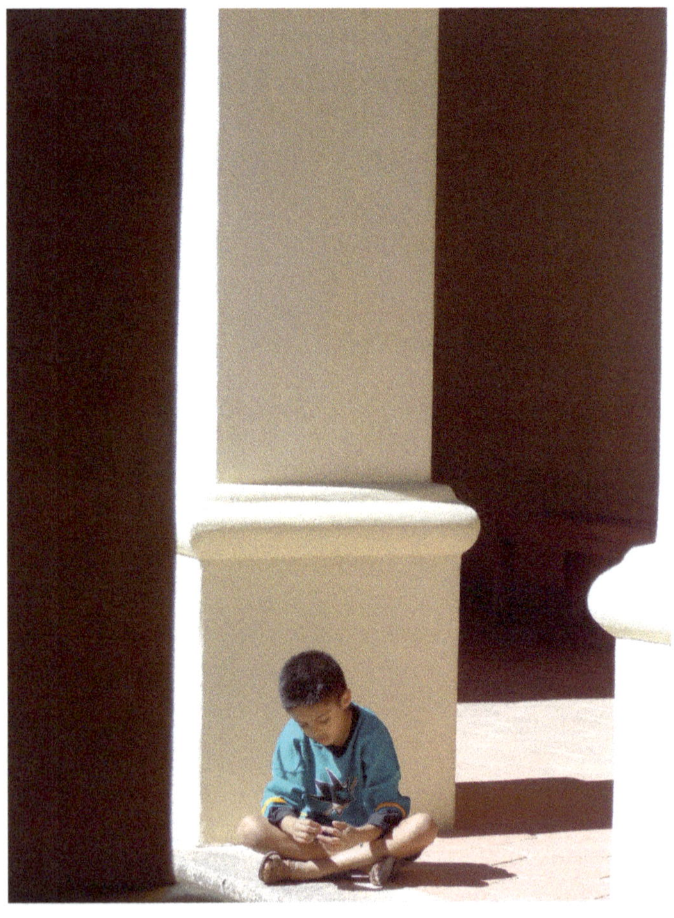

Corazón de monte

Naciste un jueves,
a las diez cincuenta y uno de la noche.
Frágil e indefenso
pequeño como un garbanzo,
cabellera envidiable,
inocencia total,
un guerrero sin igual.

Al pellizcar mis pechos
brotaron como ojo de agua,
bruscamente la felicidad salió corriendo por un atajo
cuando tu corazón falló.
Una densa capa de angustia
hurtó súbitamente
mi pequeña gran ilusión.

Te aferraste a vivir
y naciste de nuevo.
Con un corazón renovado,
trazas tu destino
matizando de color
lo que está descolorido.

Gracia divina
eres tú, hijo amado
gracias, mi corazón de monte
por todos estos años.

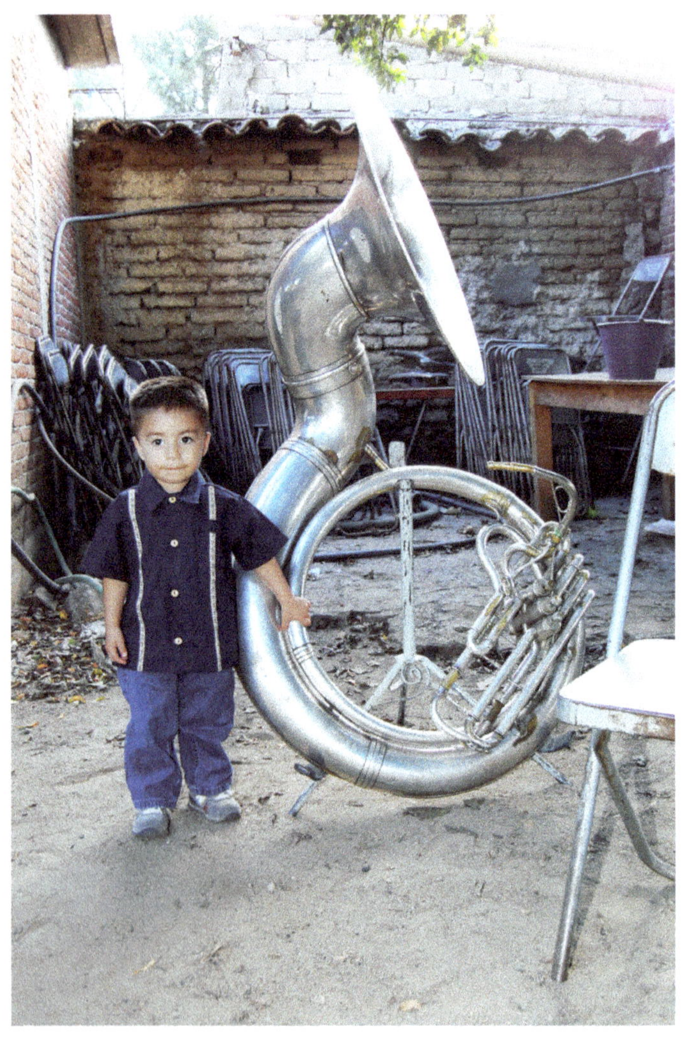

Cachetes colorados

La fuente se me rompió cabalmente
cuando el otoño asomaba la nariz,
un par de horas estuve jorobada por los dolores de parto
mi respiración soplaba las cuajadas nubes del cielo.

El pellejo cubriéndote los cachetes colorados,
tu perfume a carne nueva inundando el espacio,
las estrellas bamboleando
y unos pliegos de papel, medio cosidos con hilo
anunciaron junto a varios aros de humo
lo mucho que te quiero.

Llorando fuerte
te apreté tantito
junto a mi pecho
uniformando los latidos
mientras tanto, en los cuernos de la luna
colgaba tus ojos como de canica
para siempre compartirlos con el firmamento.

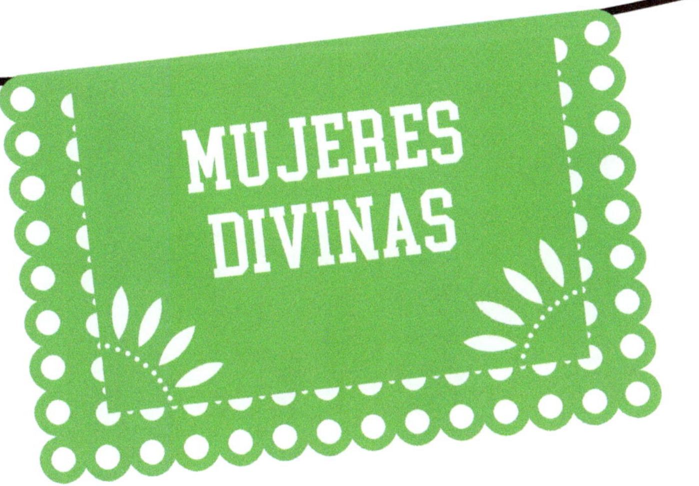
MUJERES
DIVINAS

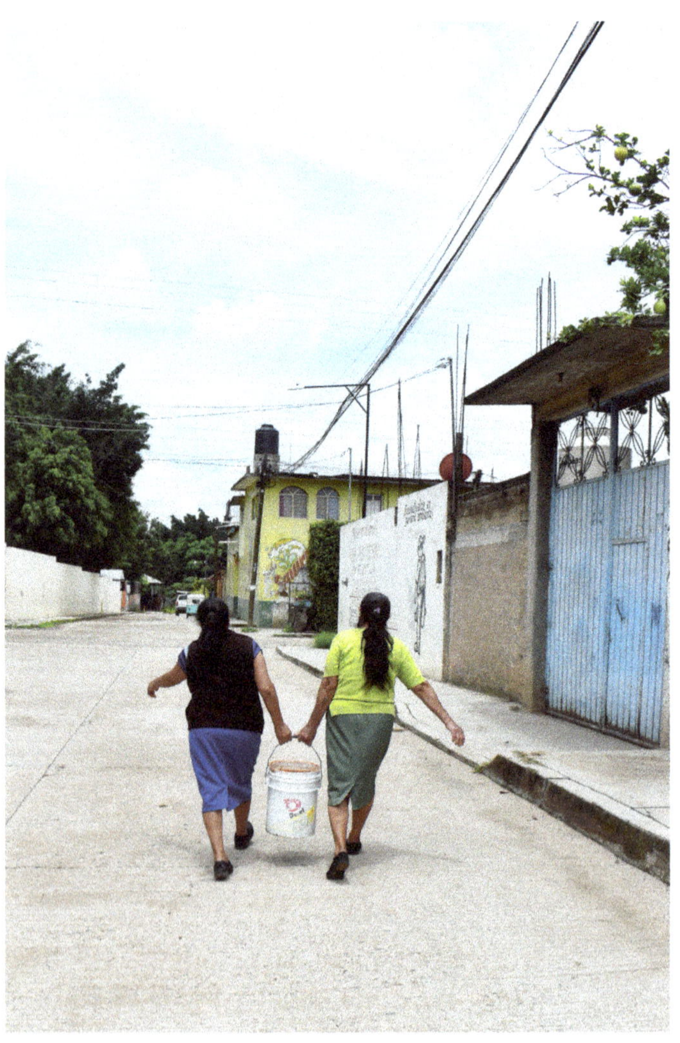

Rosa anaranjado

Mujeres que sueñan despiertas
sincronizadas por el faldeo
caminan por la vía principal.

Atrapadas en la telaraña del tiempo
sus cuerpos tibios desprenden kilómetros de aromas
a rosas frescas y mandarinas.

Una estela hipnotizante rodeas sus siluetas.
El asfalto lengüetea lentamente las pisadas
guardando el sabor en lo más profundo de la tierra.

El contoneo de caderas
reafirma su lugar en el mundo,
mientras la miel de sus labios se impregna
en el pergamino de la eternidad.

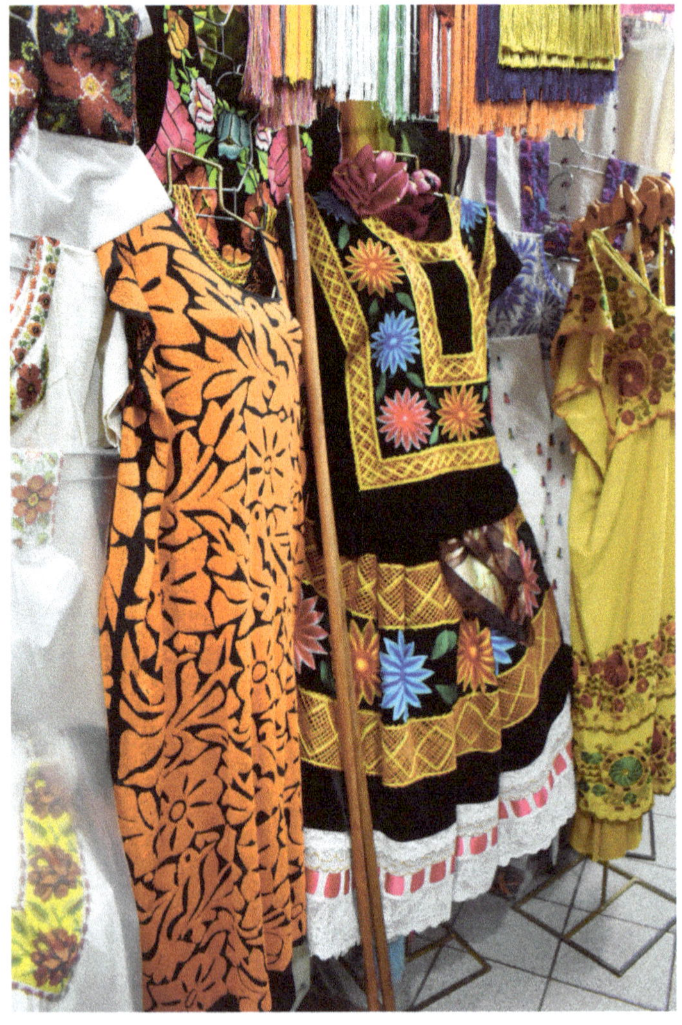

Útero

Una barra de acero penetró mi útero
al darme cuenta que la sangre
que me bajaba cada mes
no servía para nada.

Señales mixtas
se mandaban el cuerpo y la mente,
pintando la locura del viento en mis labios.

Oprimida y media muerta,
me vestí con huipiles coloridos
para atraer el canto de los pájaros
y crear remolinos de júbilo
alrededor de mi cabello,
entretanto, los nidos de las palomas
aumentan con la entrada de la primavera.

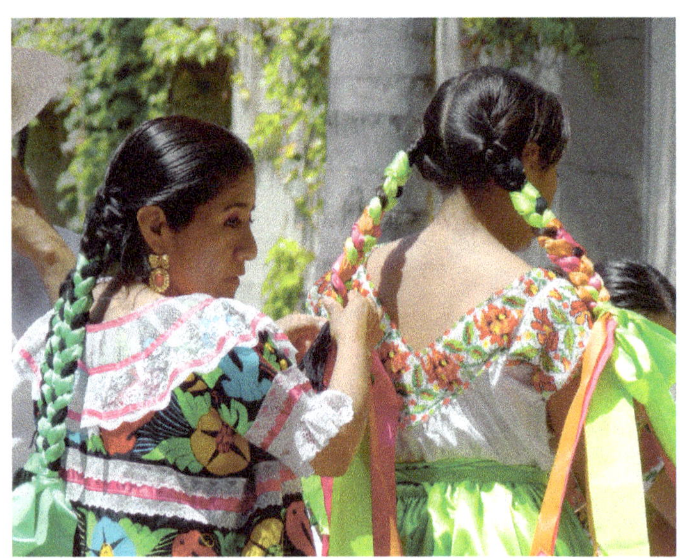

Cabello

Cada hebra de cabello
cuenta una historia diferente,
espectador pasivo
de luchas perdidas
y besos ardientes.

Compañero fiel
de perpetuos combates
testigo afónico
de temores escondidos
y tercos amantes.

Amarré con vistosos listones
mi aterciopelada cabellera
atrapando de una buena vez
a la infame tristeza.

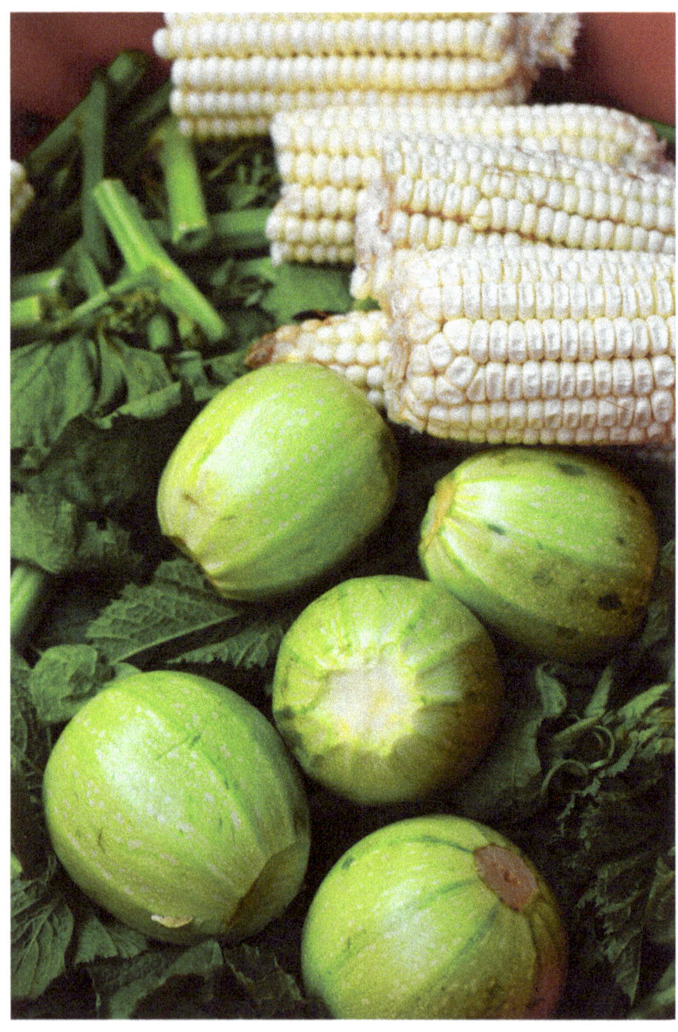

3:45 p.m.

Todos los días,
después de vender en el mercado
a las tres cuarenta y cinco de la tarde
a la mesa nos sentábamos.

lunes: tlayudas con tasajo
martes: chiles rellenos
miércoles: chichilo de res
jueves: sopa caldosa con higaditos de pollo
viernes: caldo de gallina criolla
sábado: caldillo de nopales
domingo: mole negro
lunes: frijoles con hierba de conejo y chapulines
martes: barbacoa de chivo
miércoles: guías de calabaza con chochoyotes
jueves:¿Por qué abuela, si todo iba bien?
¿por qué tengo que comer lentejas y habas?
- "Niña malcriada, coma lo que hay en la mesa"

El reloj marcaba
cuarto para las cuatro
es hora de comer
y dar gracias.

Tomé mi plato
de lentejas y habas
que con tanto amor preparó
mi abuelita adorada.

El tiempo avanza
y yo sigo extrañando sus guisos,
sus consejos, su sazón, su magia.
Todos los días,
a las tres cuarenta y cinco de la tarde
yo te venero en el comedor de mi casa.

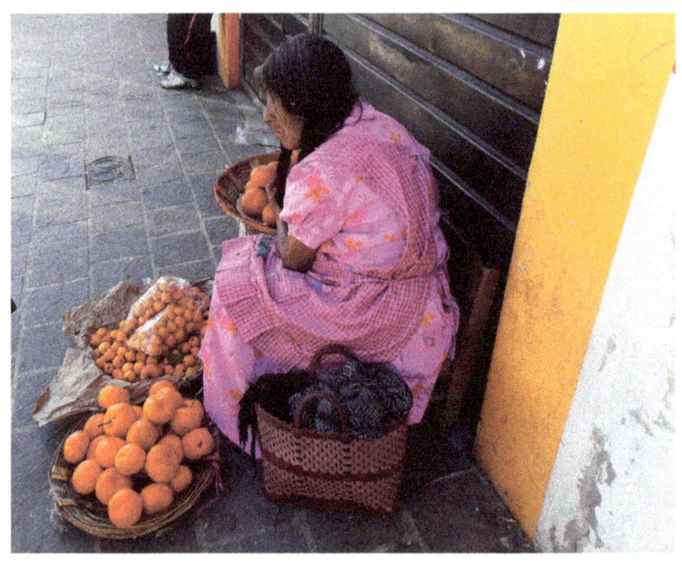

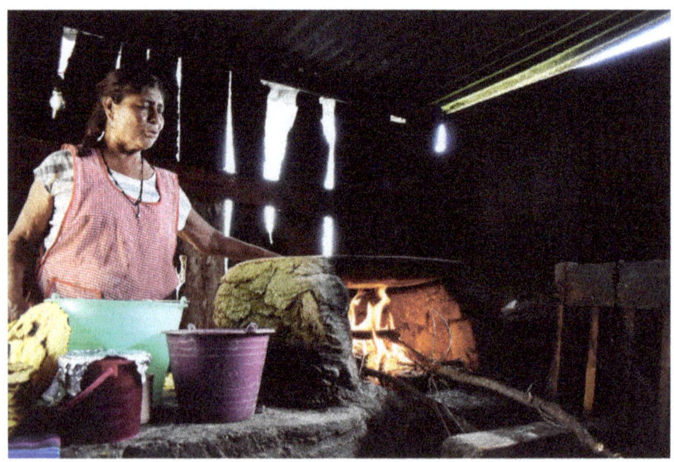

Fémina

Soy morena,
piel canela,
bañada de bronce,
guerrera indomable.

Manantial de vida
curandera de penas,
fiestera imparable,
refugio de muchos,
amante insaciable.

Soy amiga,
soy hermana,
soy mujer,
soy el aire.

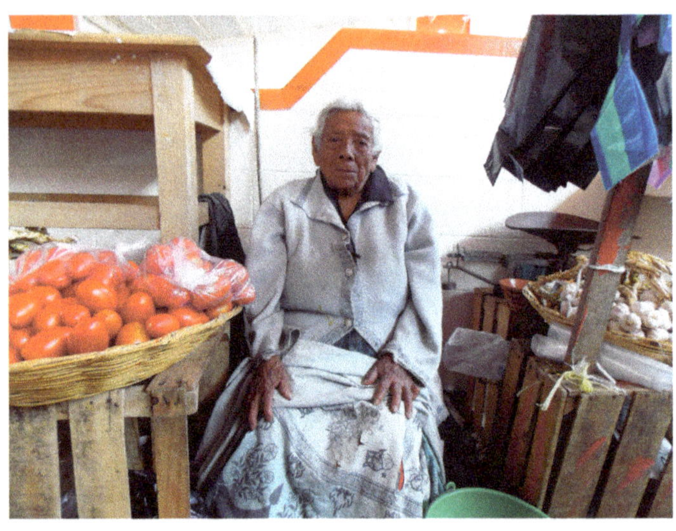

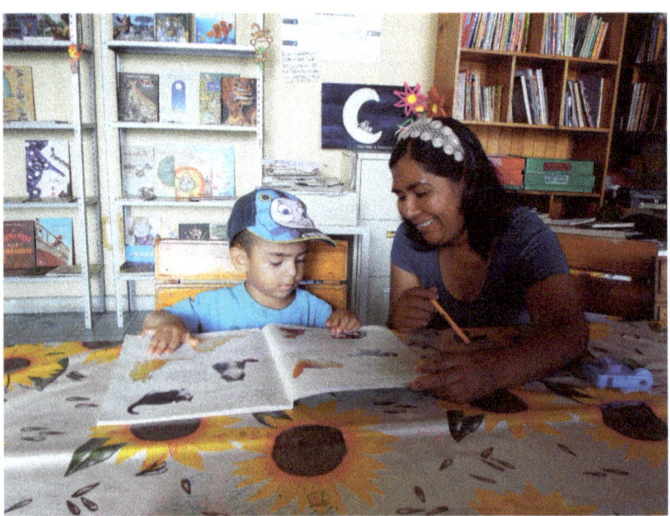

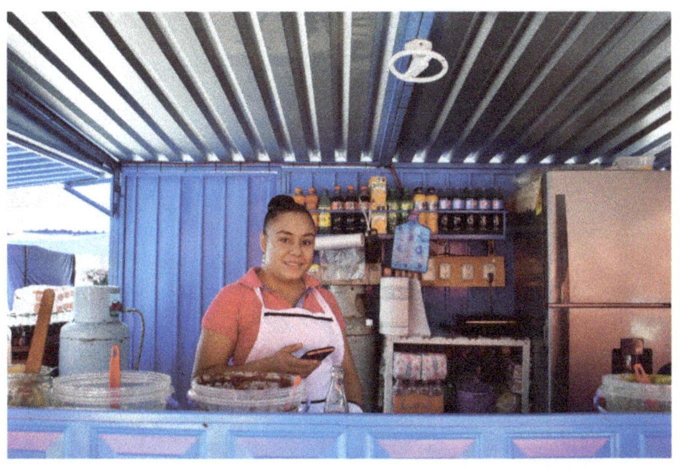

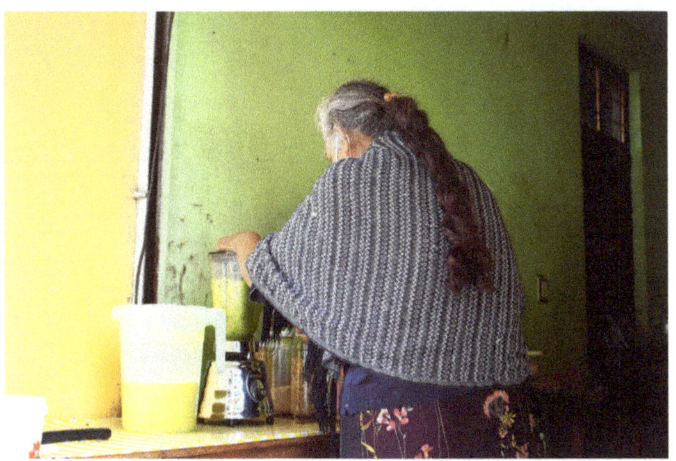

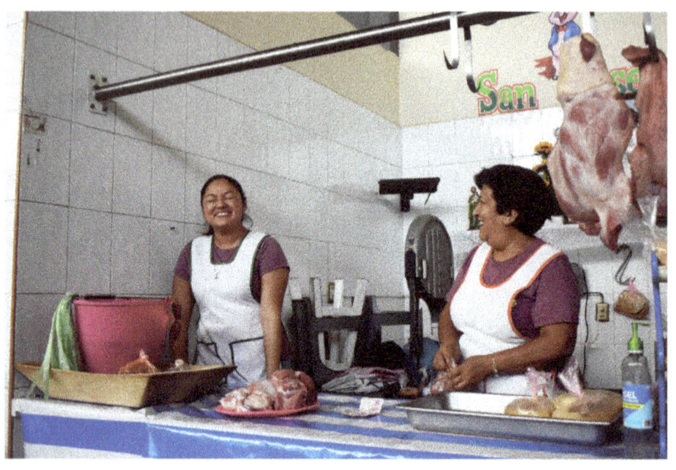

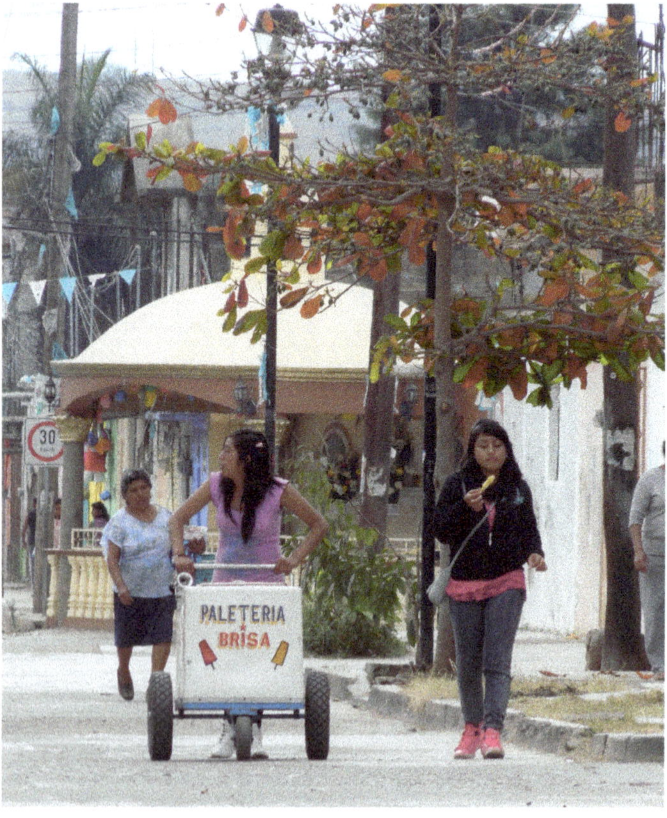

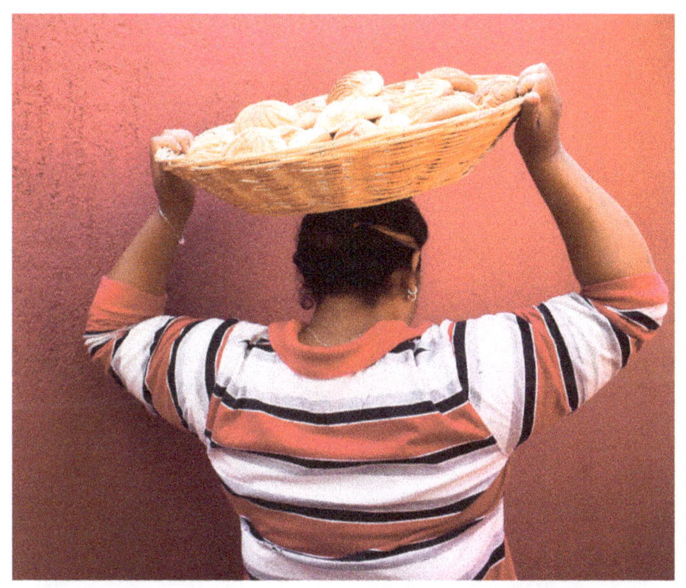

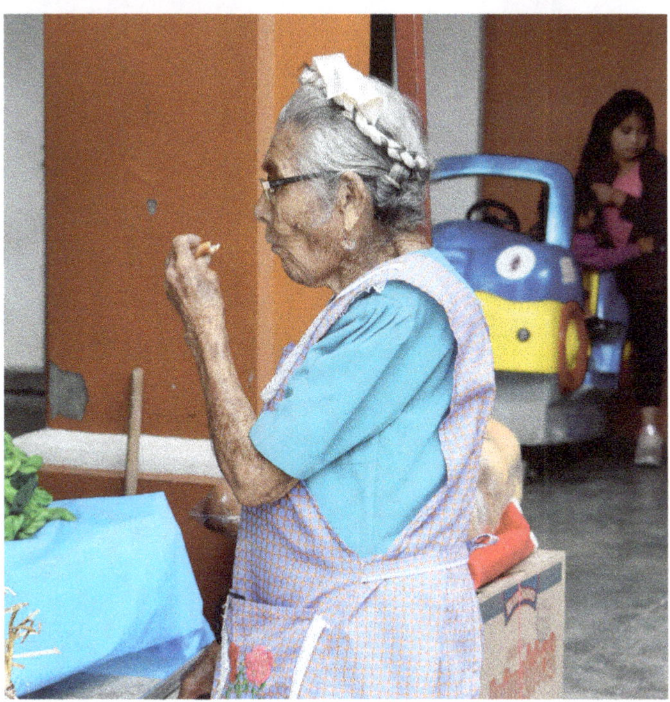

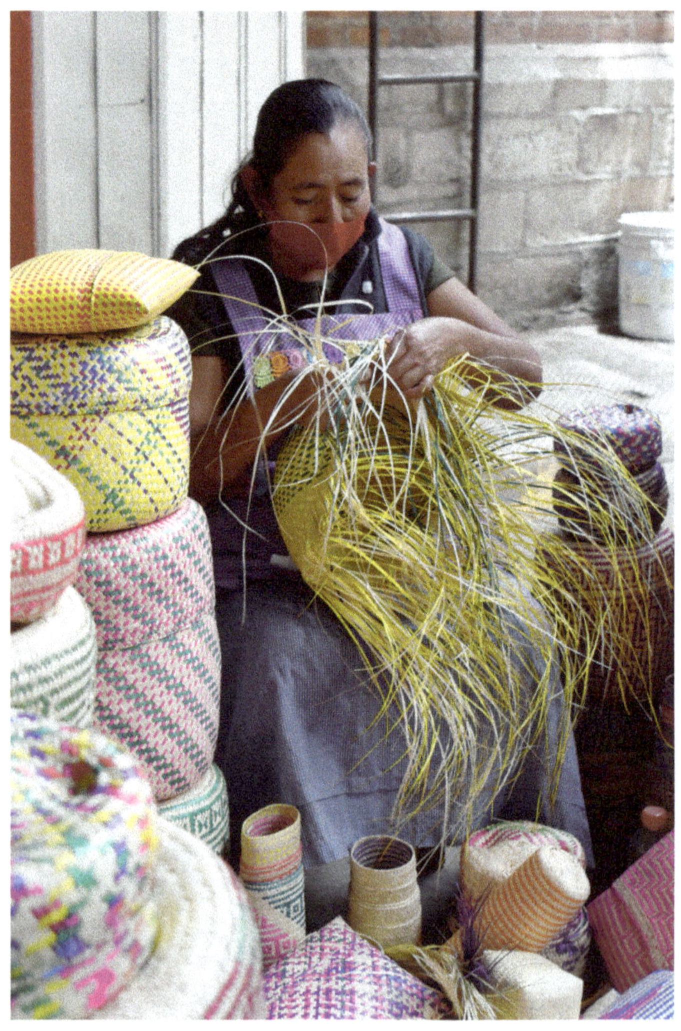

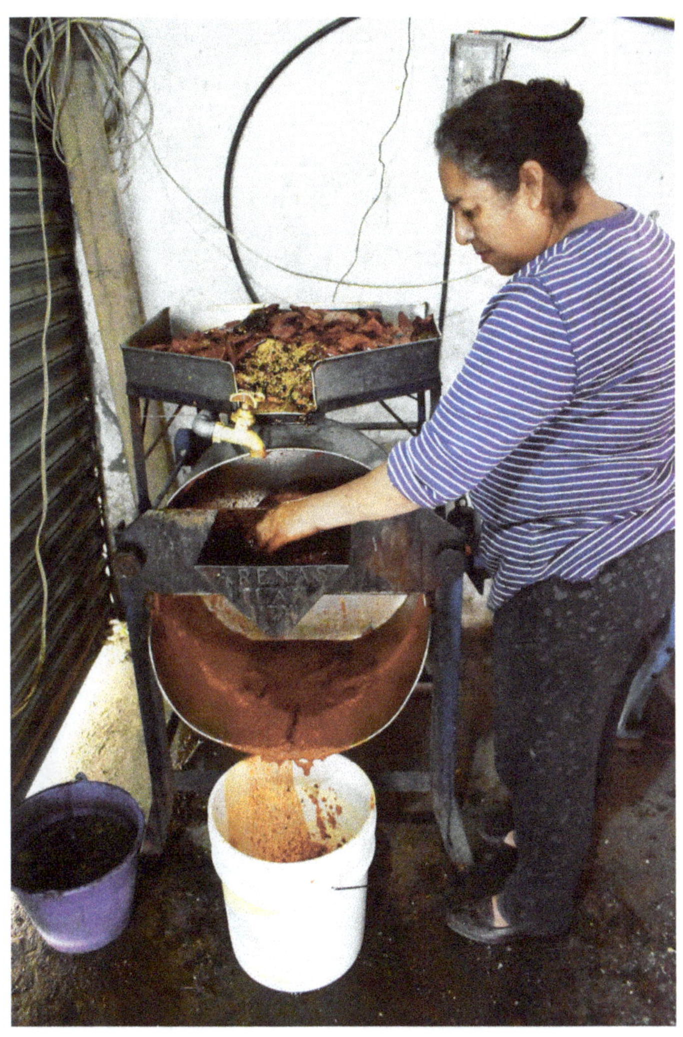

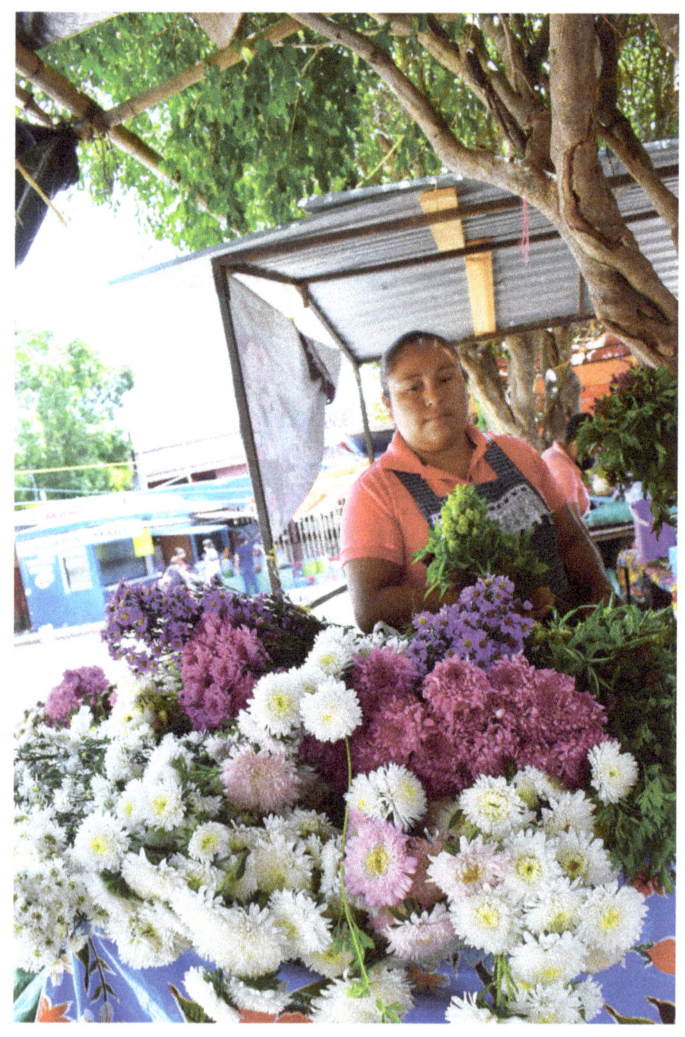

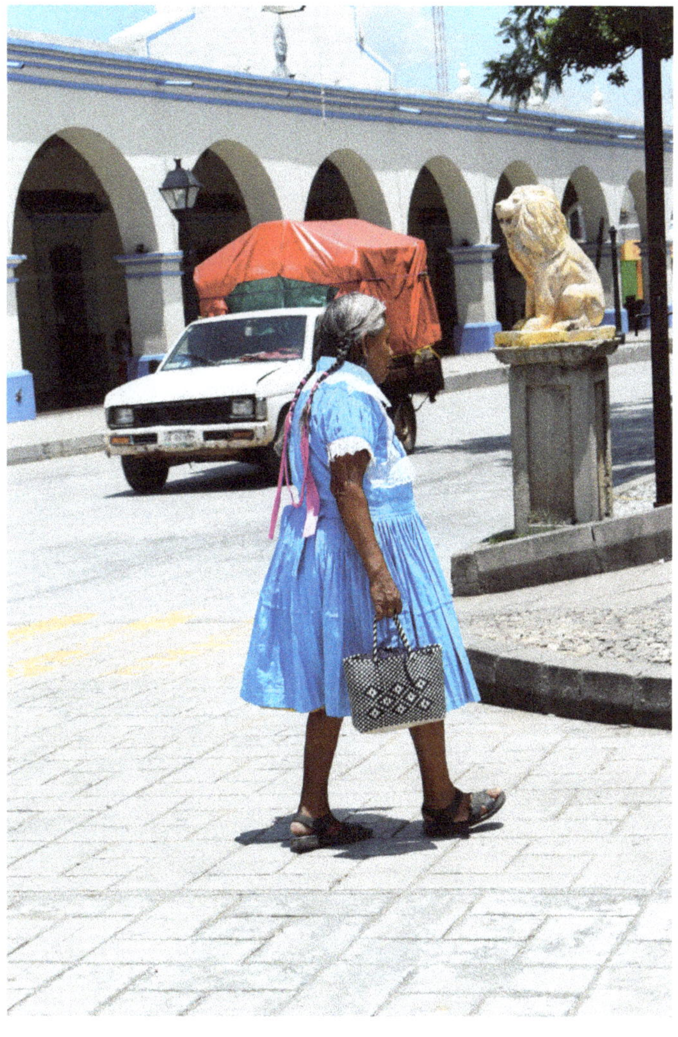

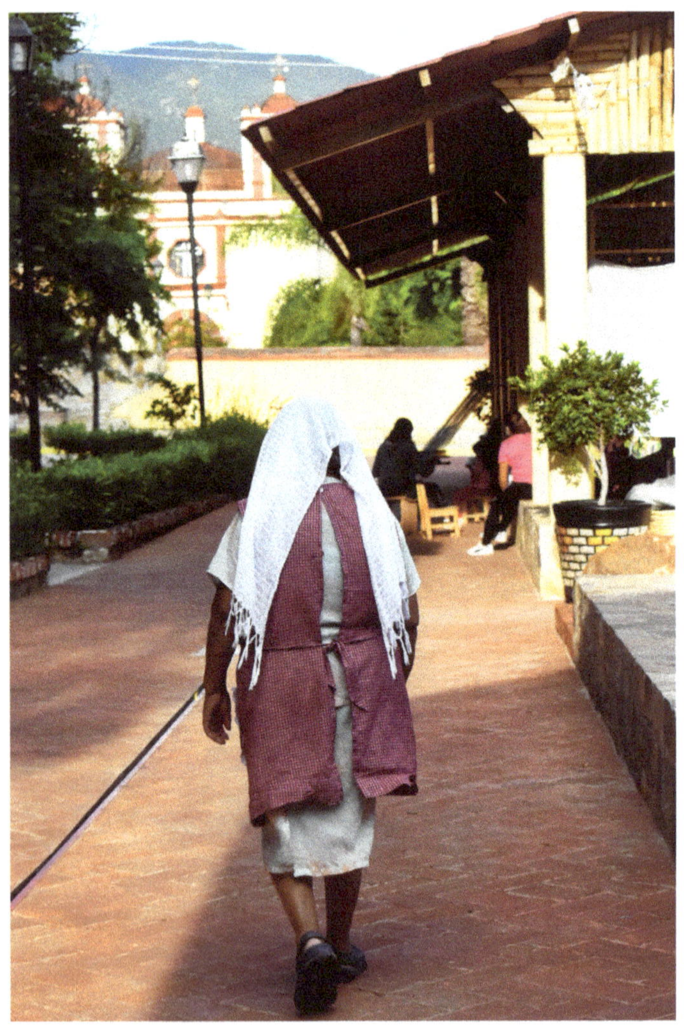

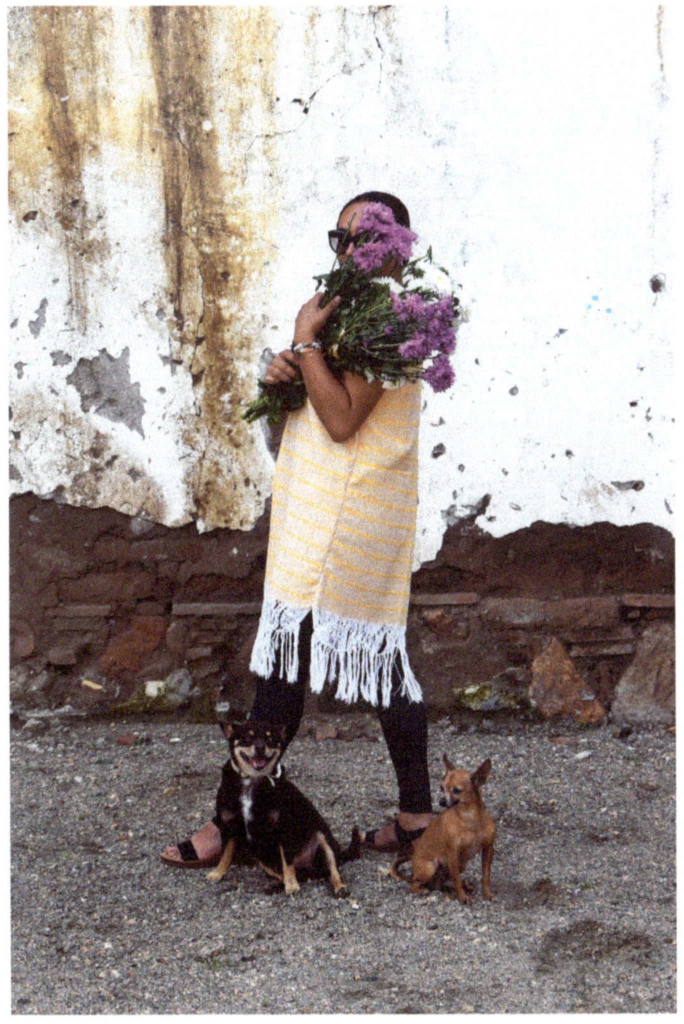

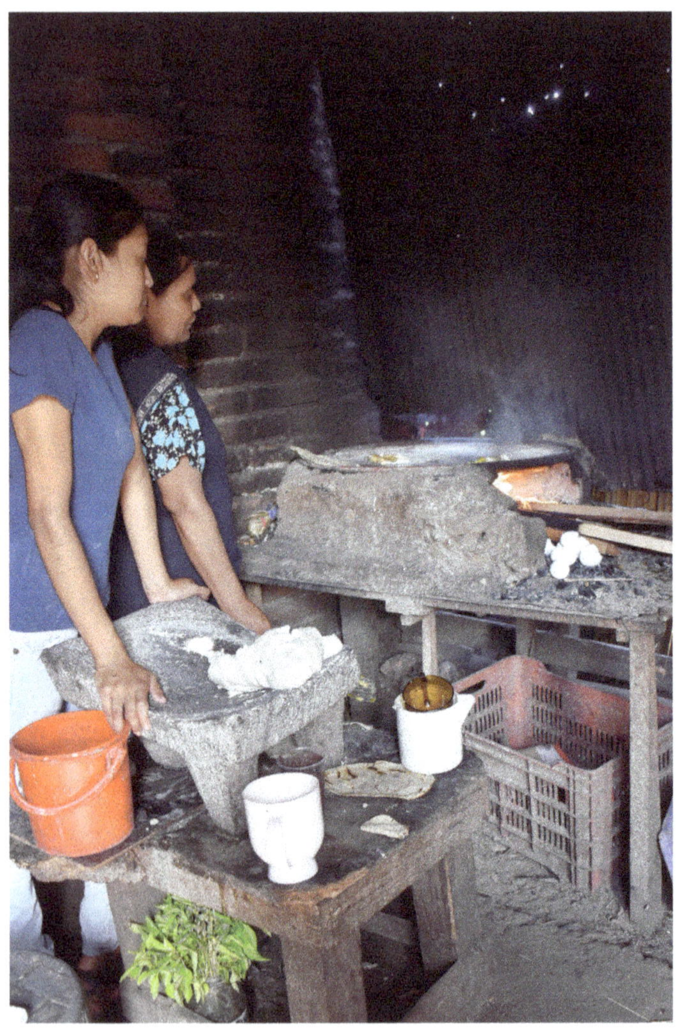

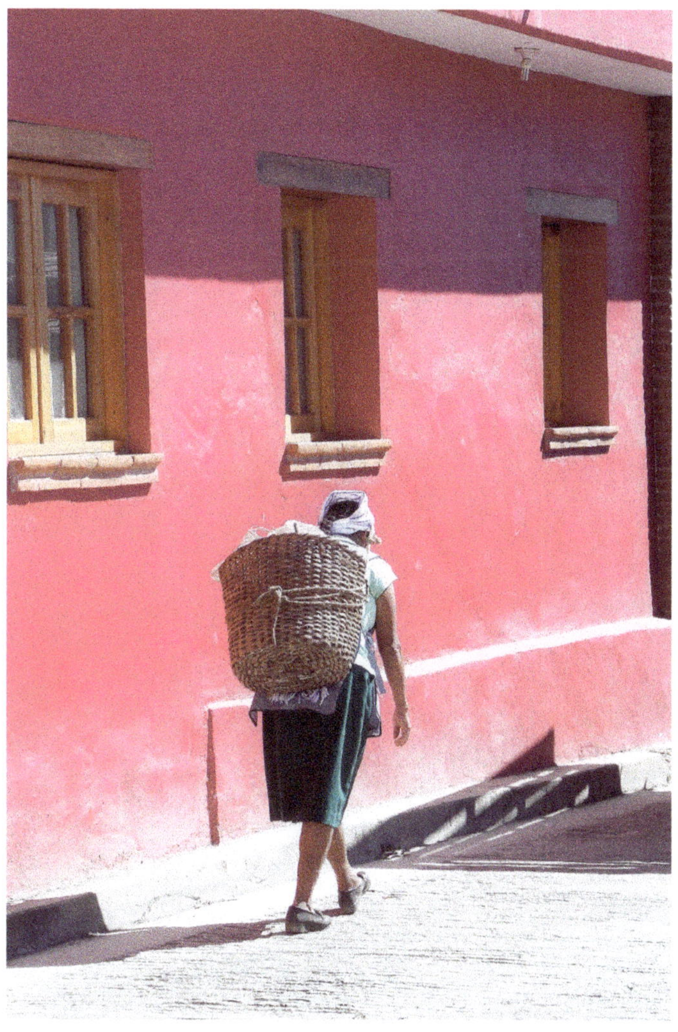

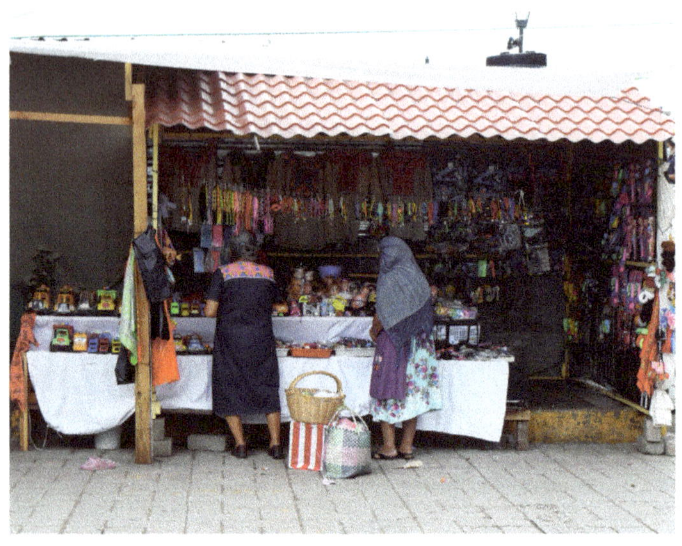

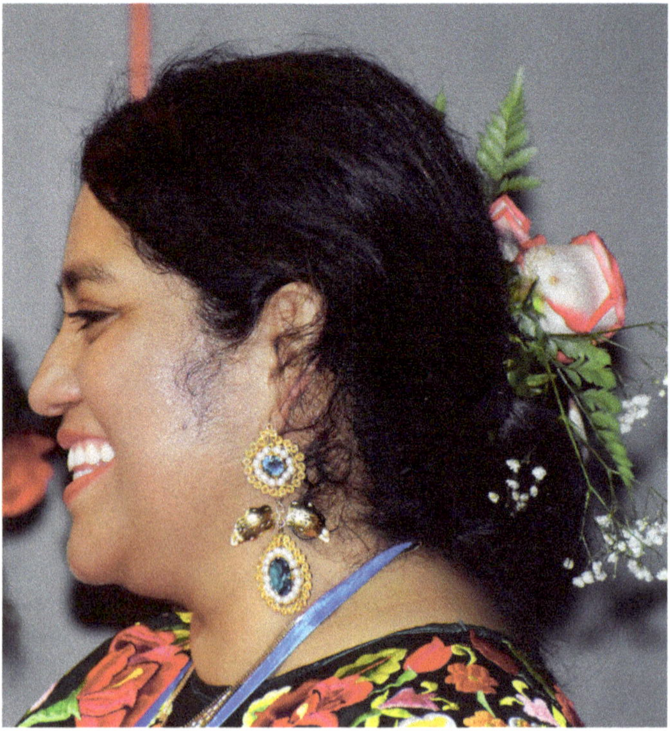

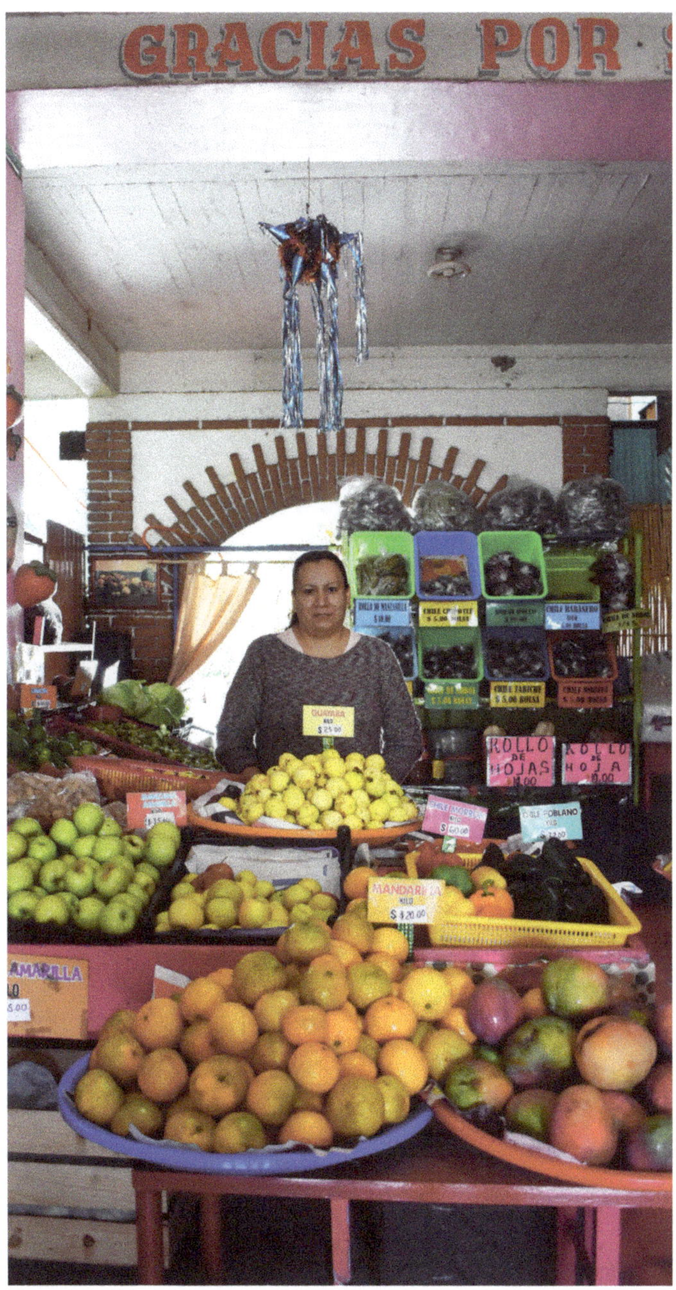

GRACIAS POR
GUAYABA
$ 25.00
ROLLO
DE
HOJAS
ROLLO
DE
HOJA
MANDARINA
$ 20.00
AMARILLA

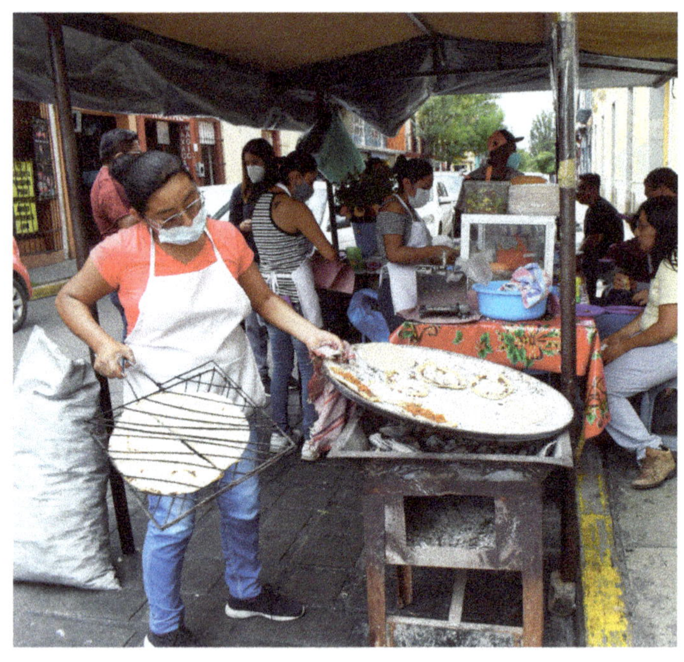

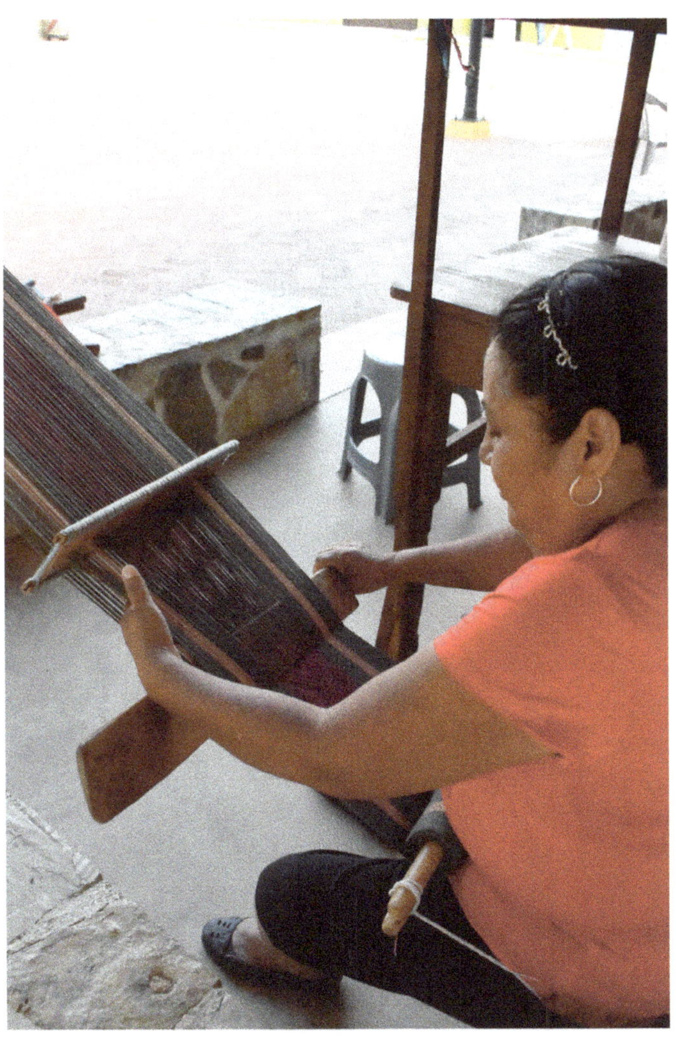

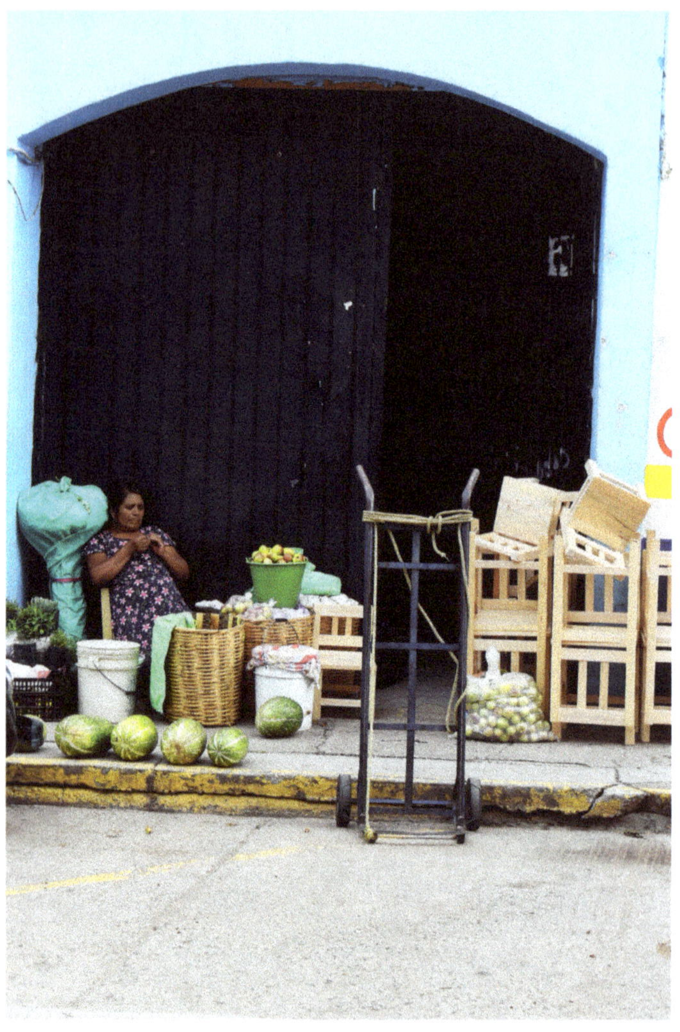

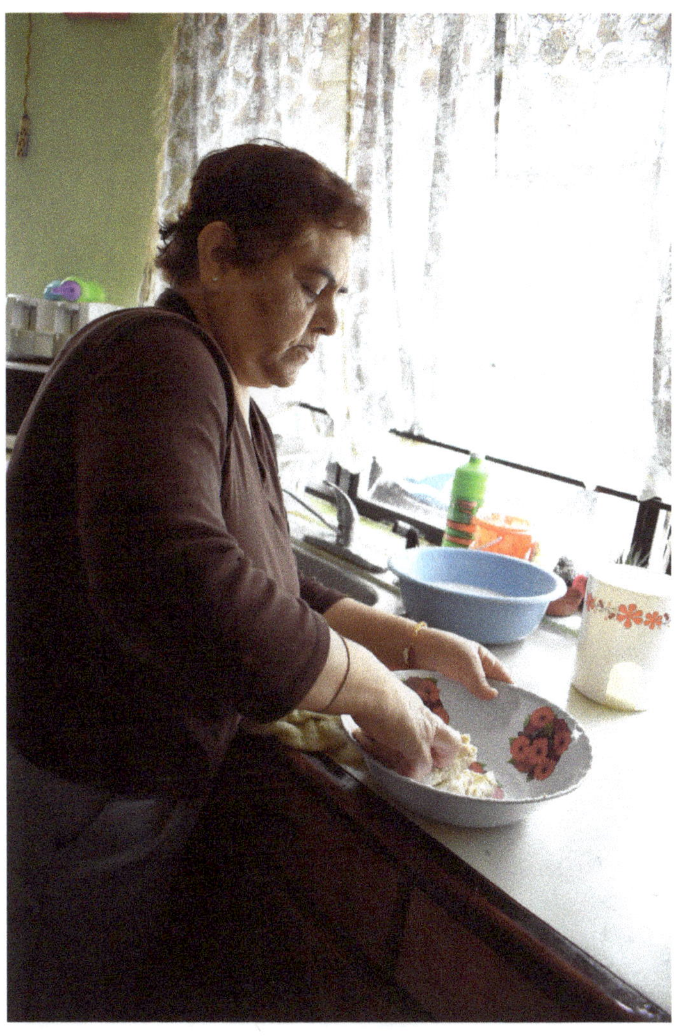

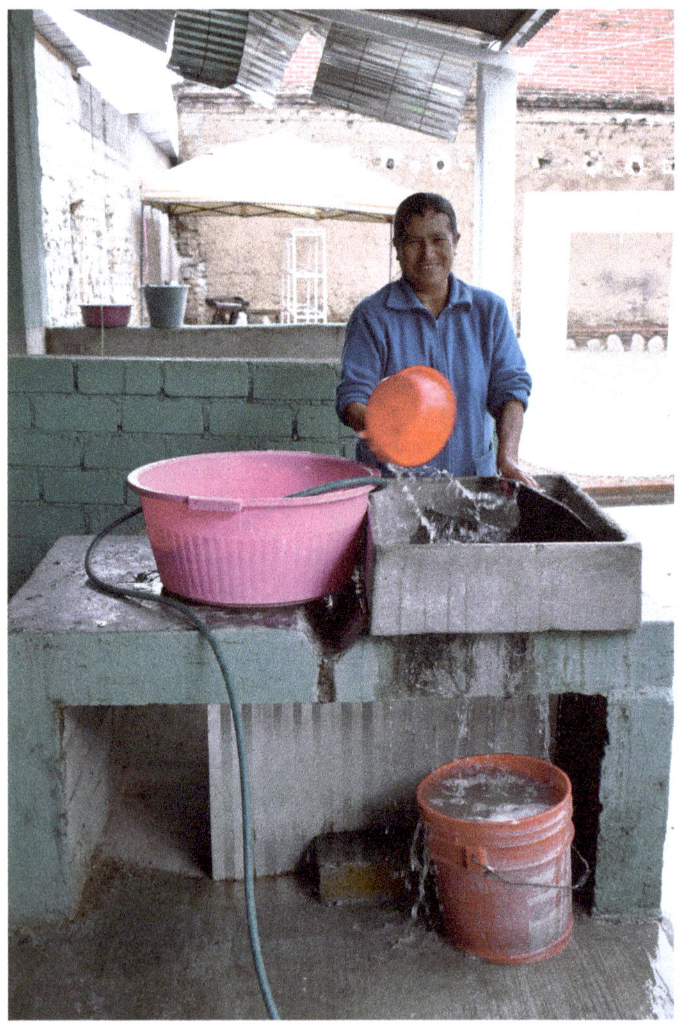

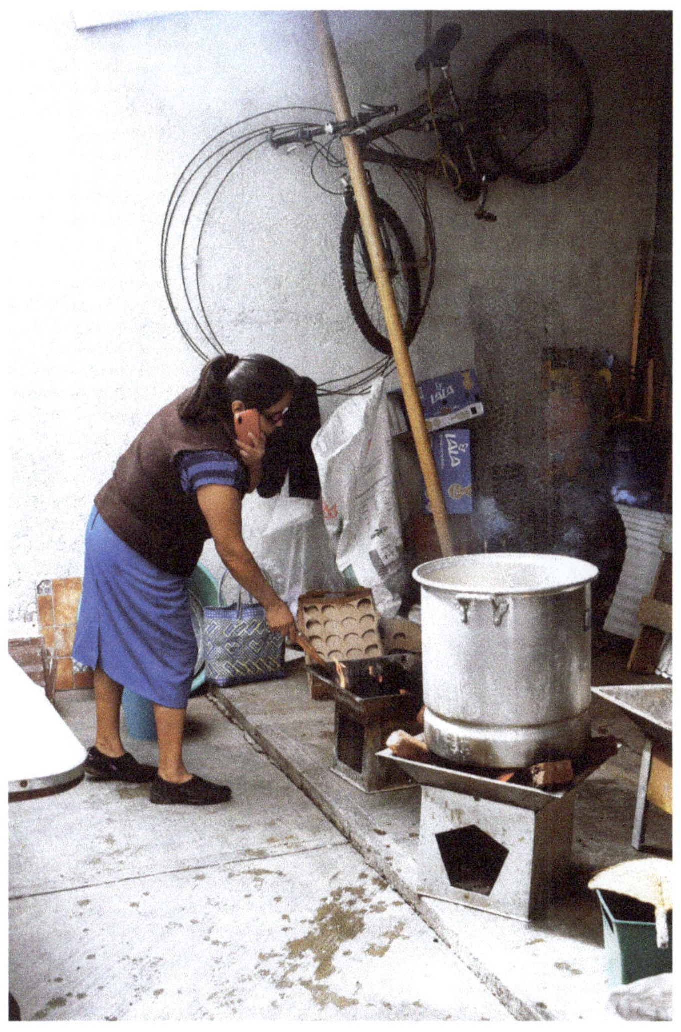

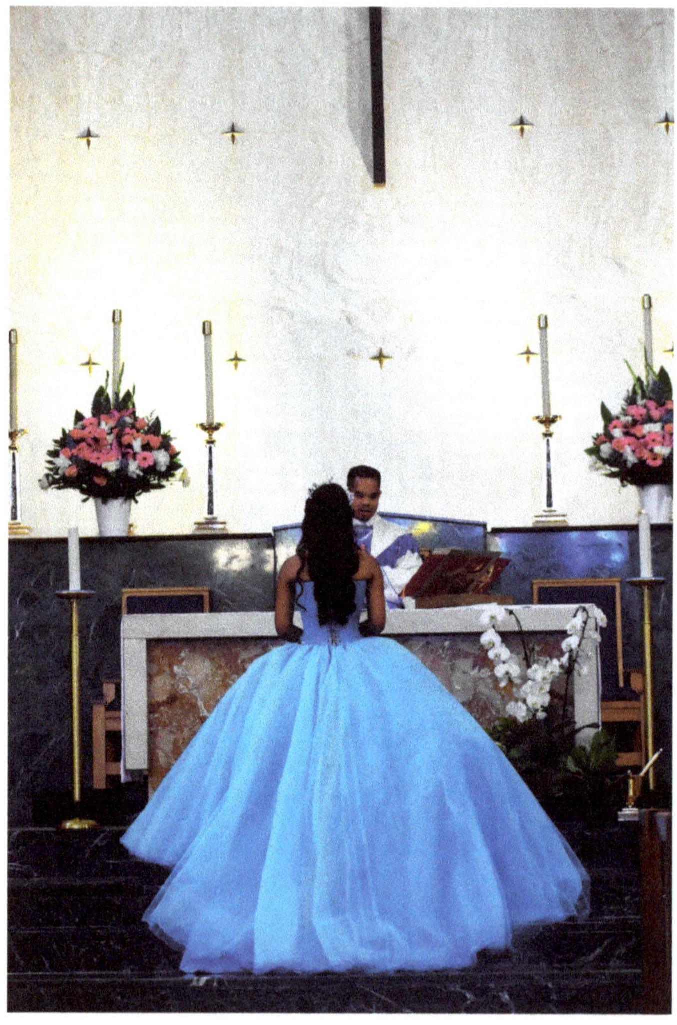

Tres lustros

He guardado en cajas de cartón
las muñecas de trapo y las de plástico,
el juego de té, las calcetas con volantes, los vestidos rayados
y el paquete de calcomanías de dibujos animados.

Desde hoy escucharé música rock,
¡que nadie tiente mi *Walkman* ni mi radio!
Desde hoy me pintaré las uñas y los labios.

Usaré tacones y pantalones ajustados,
peinaré mi pelo diferente todos los sábados.
Desde ahora en adelante, trátenme como una mujer adulta,
sin adornos, ni rodeos, díganme la verdad absoluta.

Tengo prisa por vivir, por comerme el mundo de un bocado,
quiero aprender francés y manejar un carro.

Ya no usaré mochila para ir a la escuela,
llevaré una bolsa que me llegue a la rodilla.
Tomaré café en las mañanas como lo hacen las muchachas
y haré dieta cuando me crezca la panza.

Desde ahora en adelante, por favor les pido,
que los regalos para el día de mi cumpleaños sean solo efectivo;
no lo tomen personal o piensen mal de mí,
pero estoy ahorrando para un vestido de boutique.

Ya me voy a vestir
para celebrar mis quince primaveras.
¡La misa es en una hora, tengo que arreglarme!
¡El mole ya está listo y también la tambora!

Dejé de ser niña justo ayer,
para convertirme hoy
en una gran mujer.

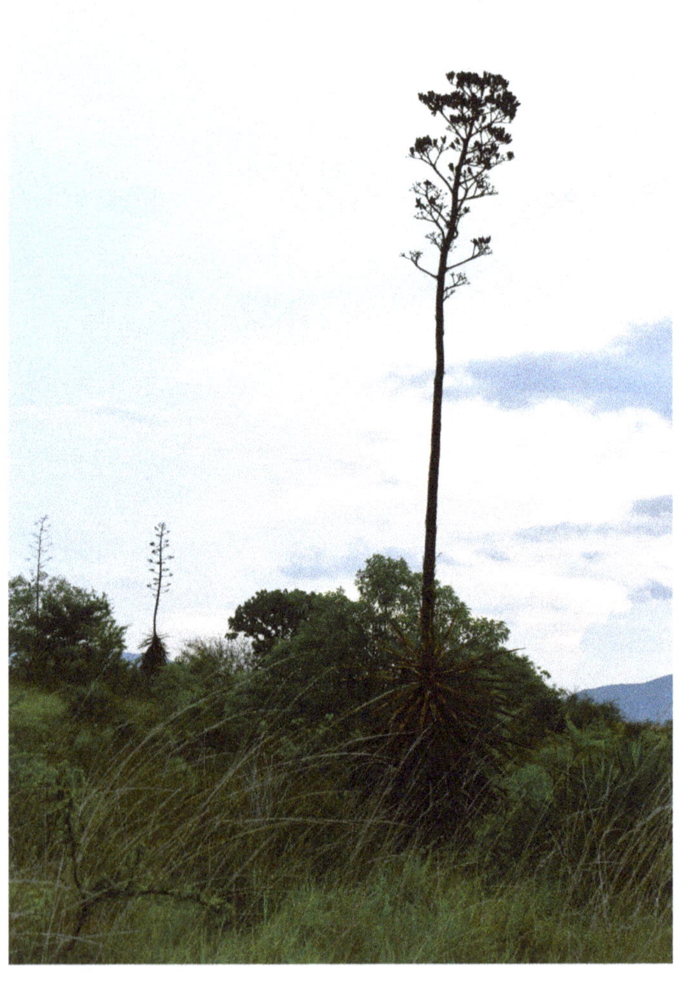

Amor propio

Ámate a ti misma al son de la chicharra.
Ámate a ti misma con la fuerza de un río crecido.
Ámate a ti misma cual delicada dalia.
Ámate a ti misma tan profundo como la barranca.
Ámate a ti misma con garbo y chispa.
Ámate a ti misma en el sereno de la madrugada.
Ámate a ti misma bañada en llanto.
Ámate a ti misma con firmeza como el quiote.
Ámate a ti misma cuando nadie te vea.
Ámate a ti misma mes tras mes.
Ámate a ti misma cuando titilan las estrellas.
Ámate a ti misma al compás del metate.
Ámate a ti misma como el grillo a su canto.
Ámate a ti misma cuando te alimentes.
Ámate a ti misma al contemplar el colibrí.
Ámate a ti misma tal como eres.

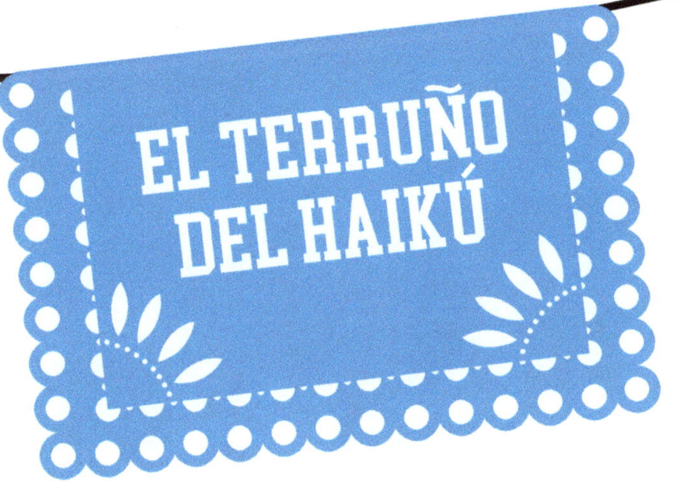
EL TERRUÑO
DEL HAIKÚ

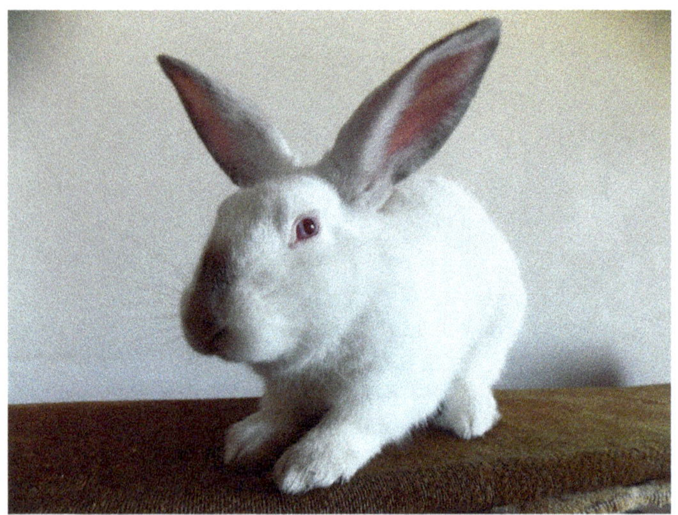

Coneja

Coneja blanca
fecunda margarita
refugio de paz.

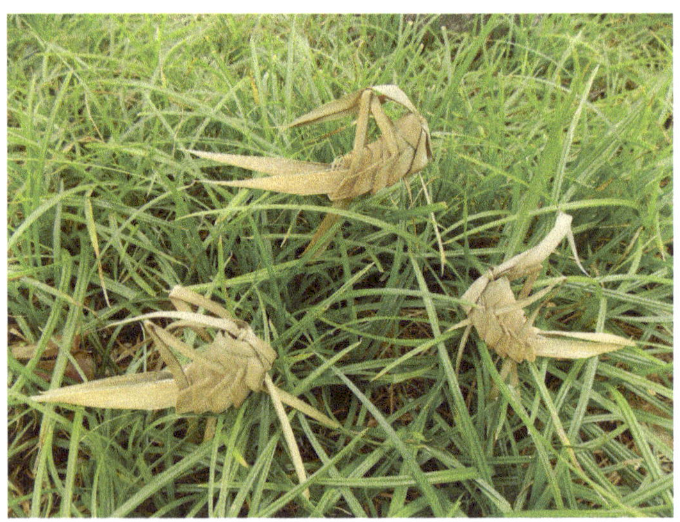

Chapulín

Chapulín verde
saltarina criatura
monte tras monte.

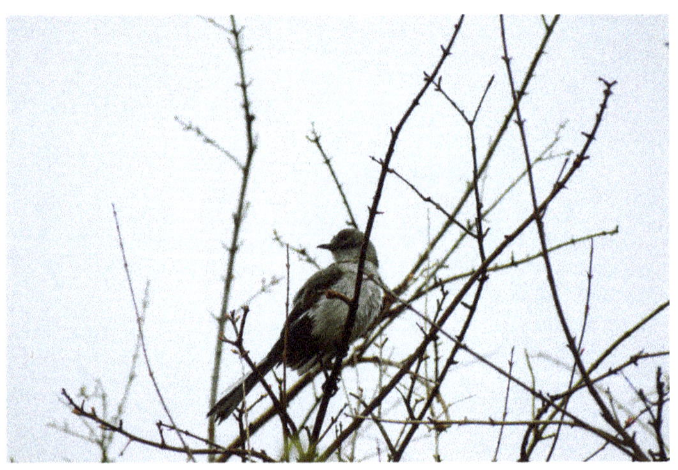

Pájaro

Cruje la rama
después llega la calma
viene la vida.

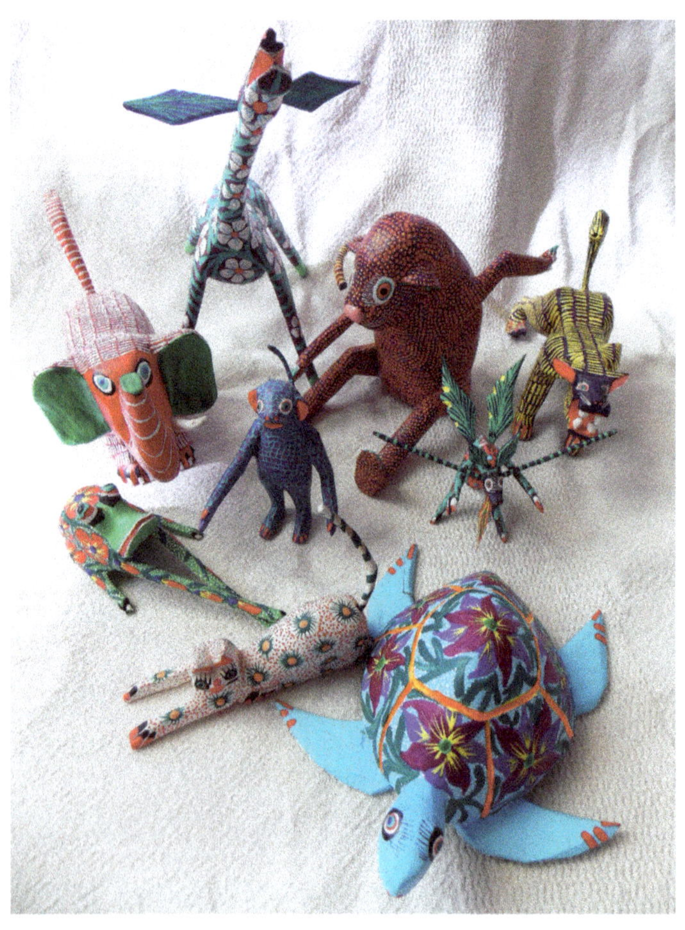

Alebrijes

Zanja de color
alebrije singular
halo de gloria.

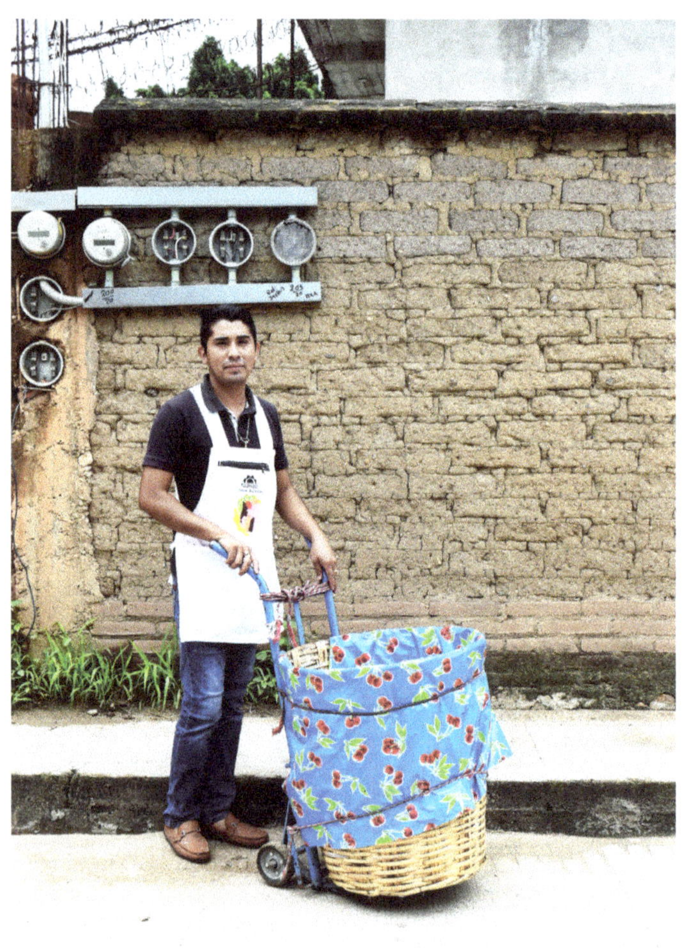

Canasto

Muchacho noble
derribando las sombras
pisando fuerte.

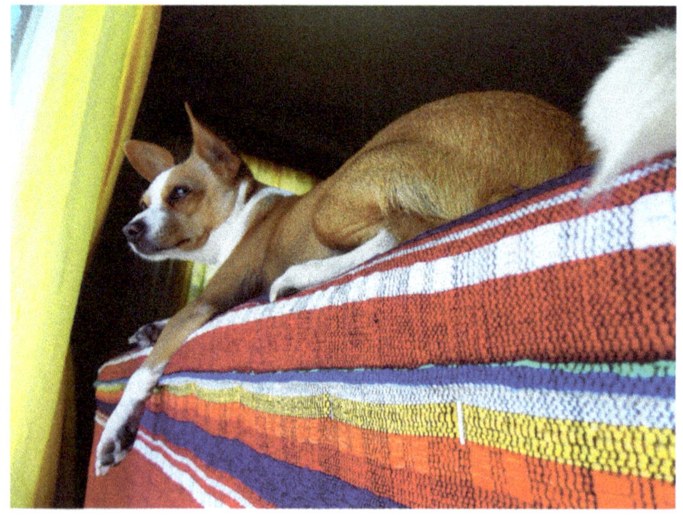

Cuatro patas

Patas y cola
amor incondicional
compañero fiel.

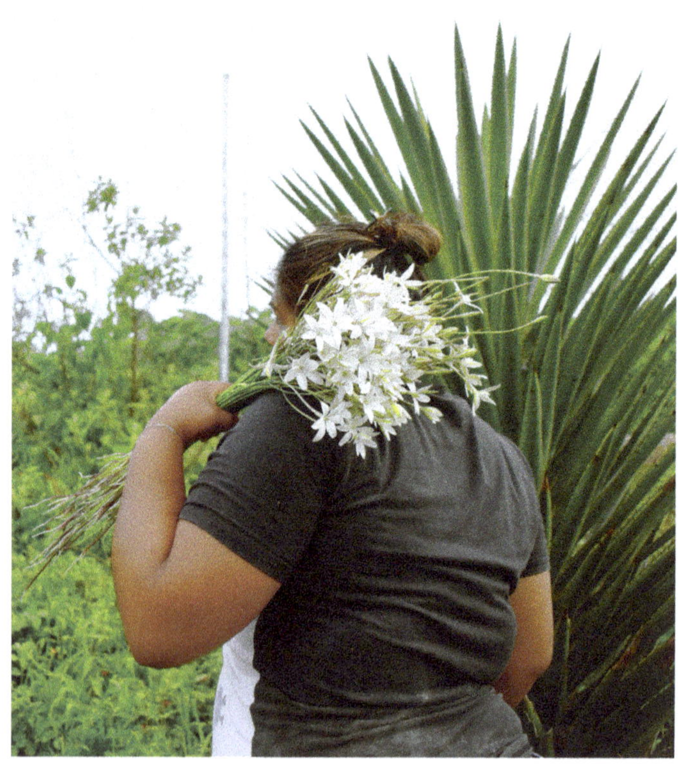

Azucena

Botón de flores
inmaculada mujer
gloria terrenal.

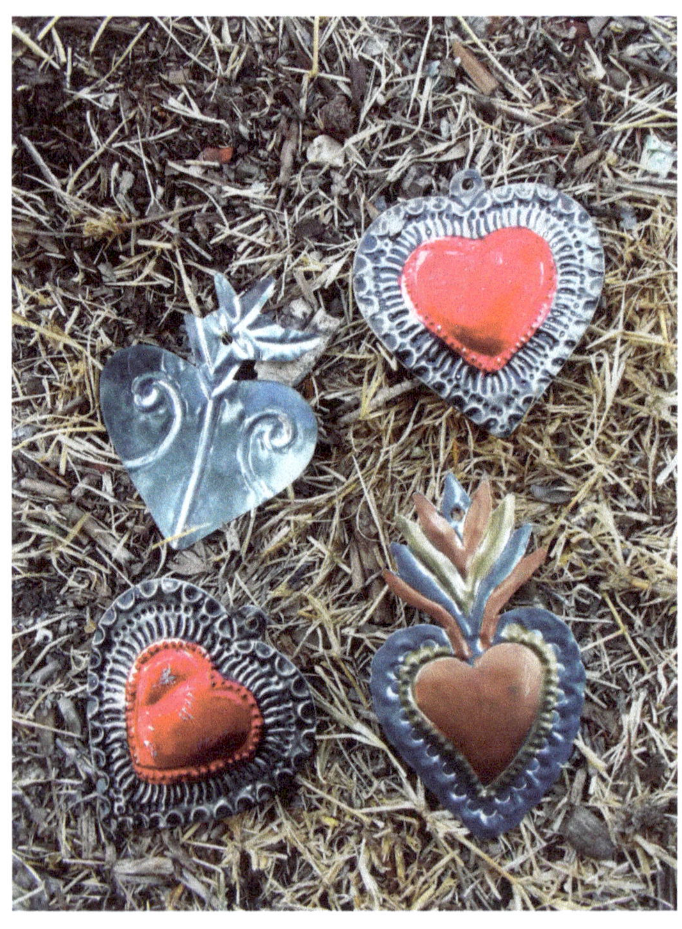

Corazón

¿Cuántas señales
se ven con los ojos del alma?
Multiplica mil veces mil.

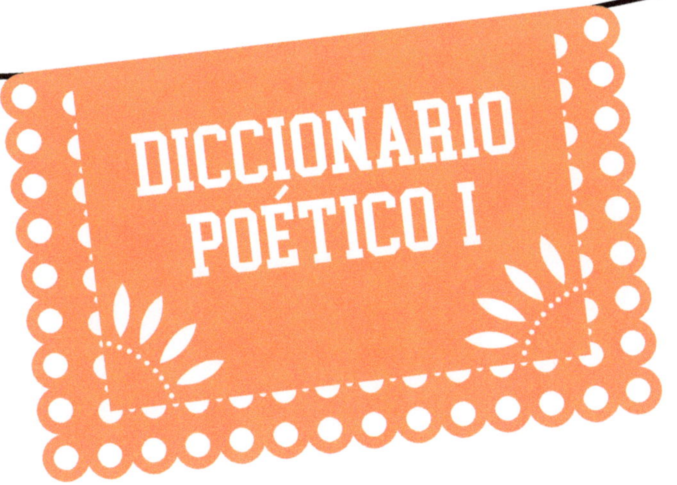
DICCIONARIO
POÉTICO I

Carcajada:

Caprichosa manifestación que brota del espíritu.

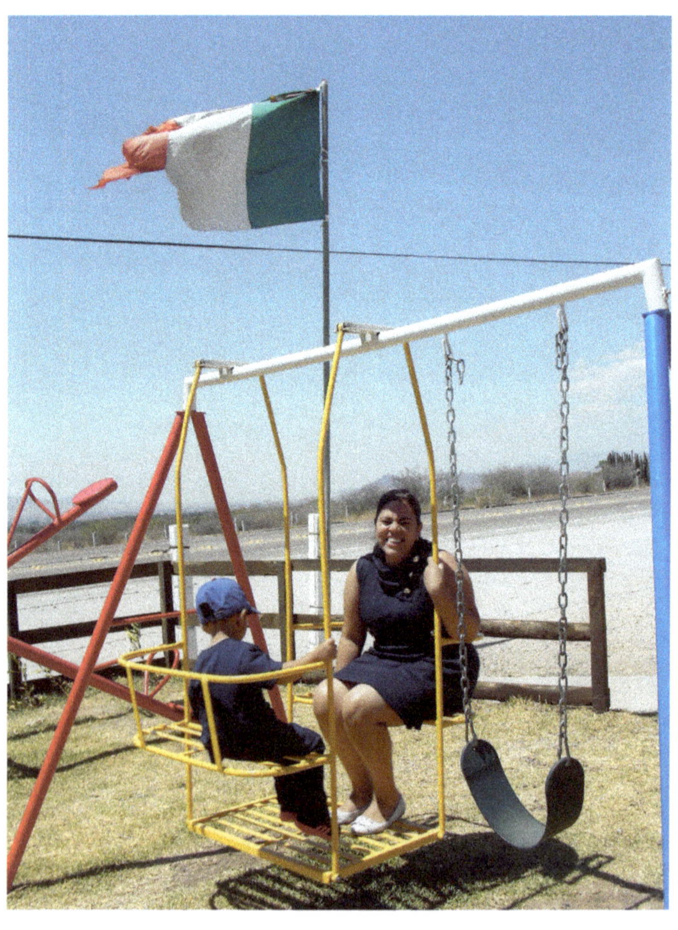

Inocencia:

Alma pura. Eje vertical de la bondad.

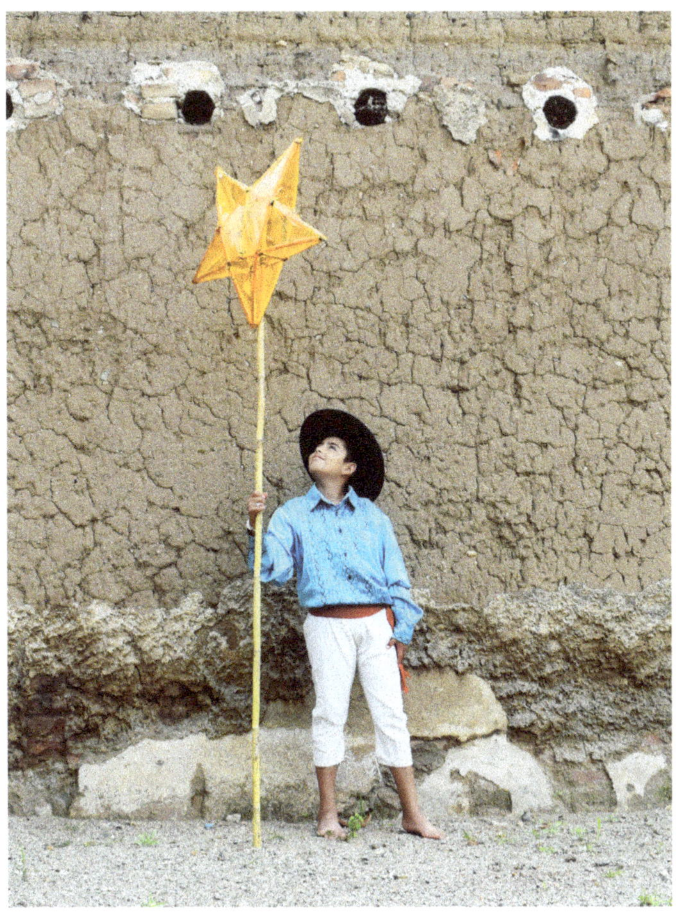

Paz:

Murmullo solemne de la creación.

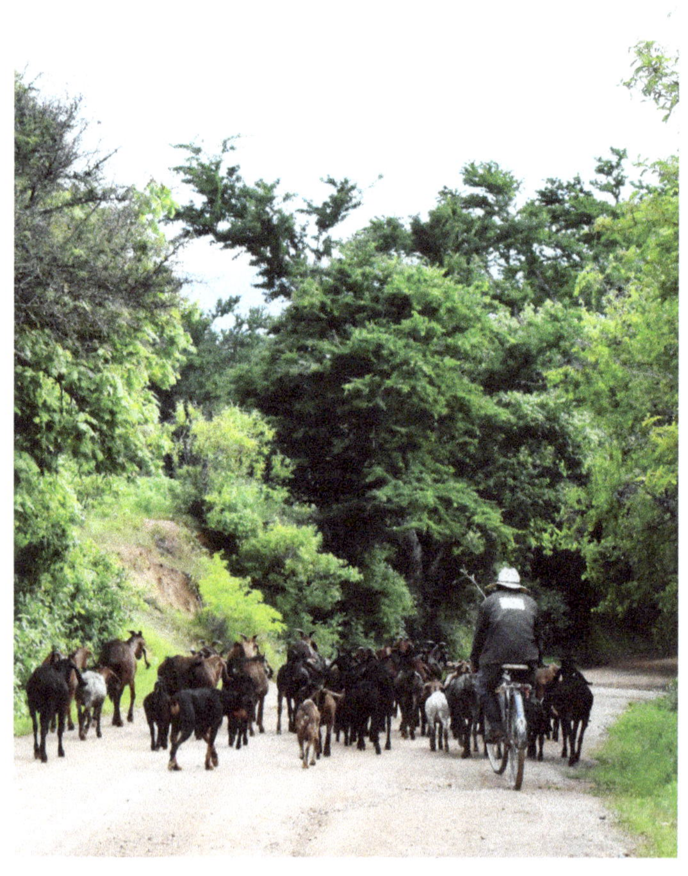

Vida:

Es ir soldando momentos en la memoria.

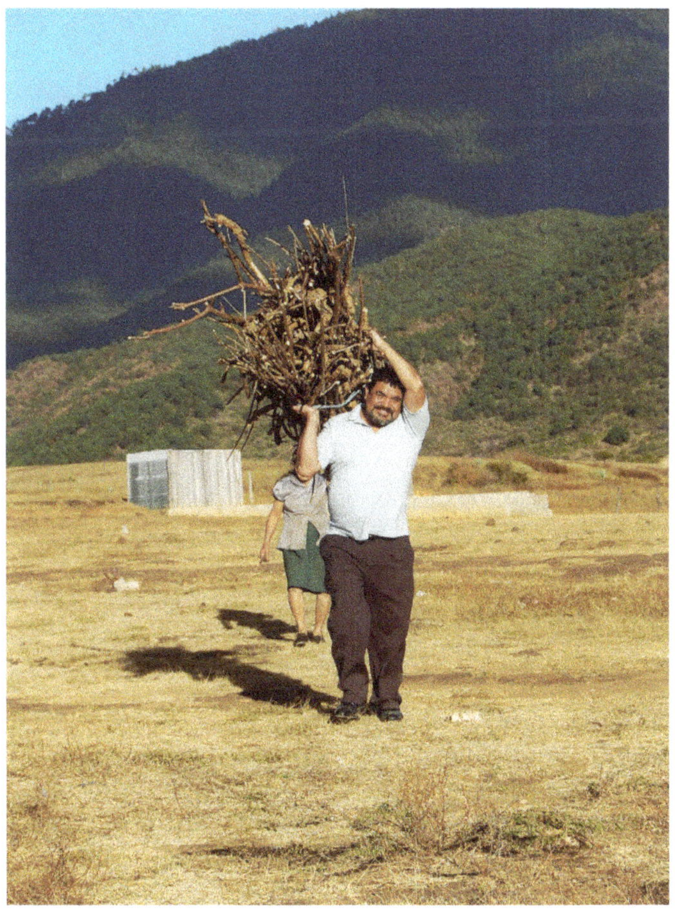

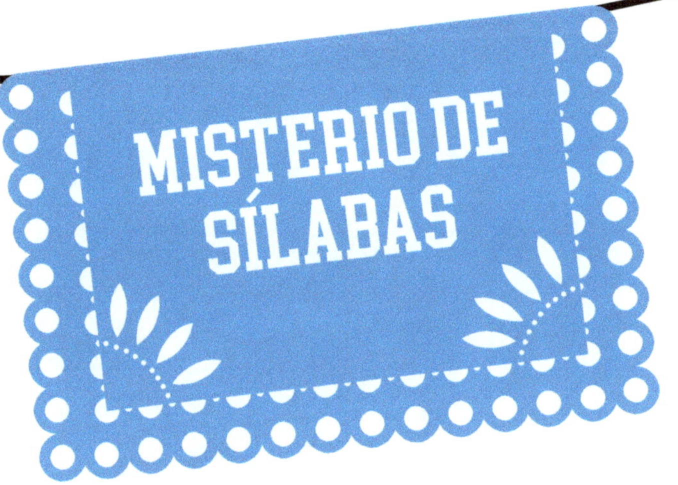
MISTERIO DE
SÍLABAS

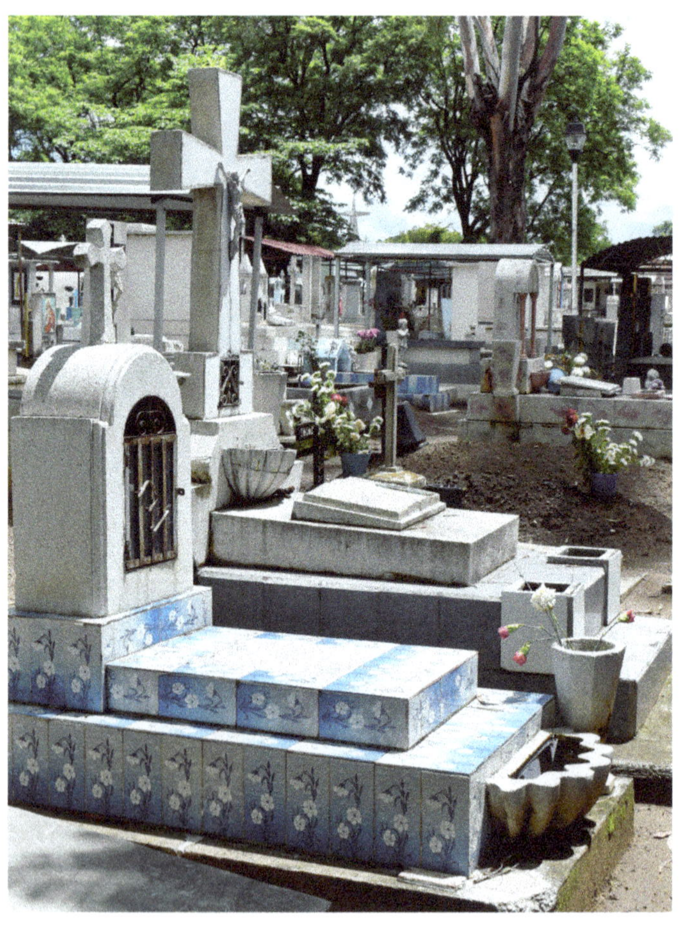

Eternidad

Grisáceo está el cielo
desde que te perdí
no he visto luz de luna
ni en marzo como en abril.

Perderte ya estaba escrito
mucho antes de tenerte
sinsabores hay en la vida
que carcomen hasta los dientes.

Me queda la dicha
de haberte amado
con huesos rotos
todos los veranos.

Descansa ya,
disfruta de nuestro amor
allá en la eternidad
donde siempre brilla el sol.

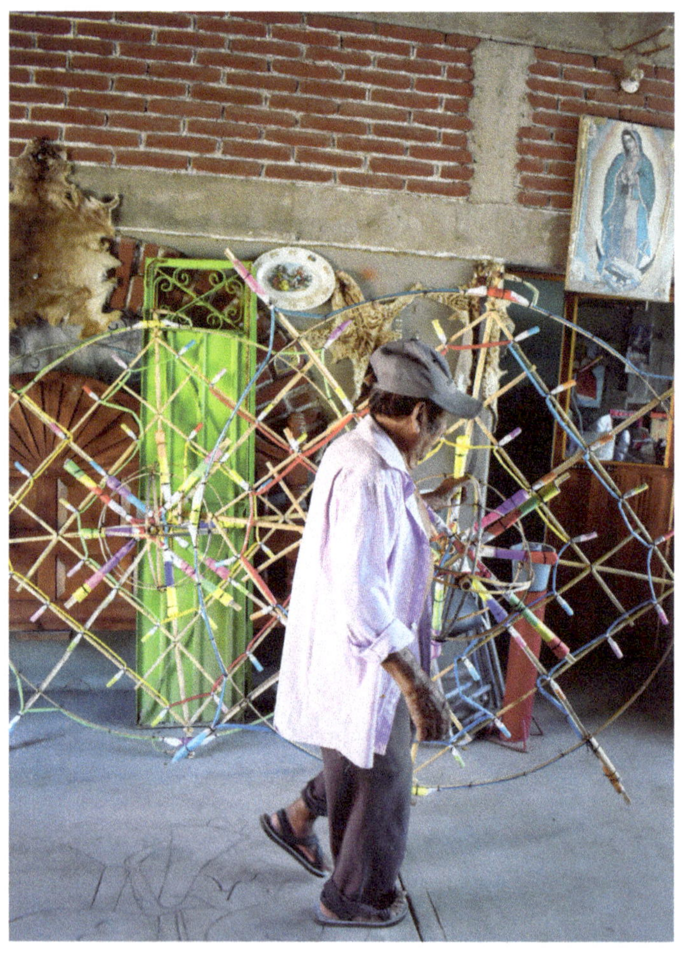

Las malas lenguas

Las noticias saltan
por todo el pueblo
como si tuvieran
patas de conejo.

El chisme corre
de boca en boca
sin importa la hora
como reguero de pólvora.

Una vez que estalla
la tremenda bomba
no hay quien se salve
de semejante bronca.

Niñas, niños
jóvenes y adultos
a todos arrasa
sin importar gustos.

Las malas lenguas
pueden dañar
en cuestión de segundos
como un arsenal.

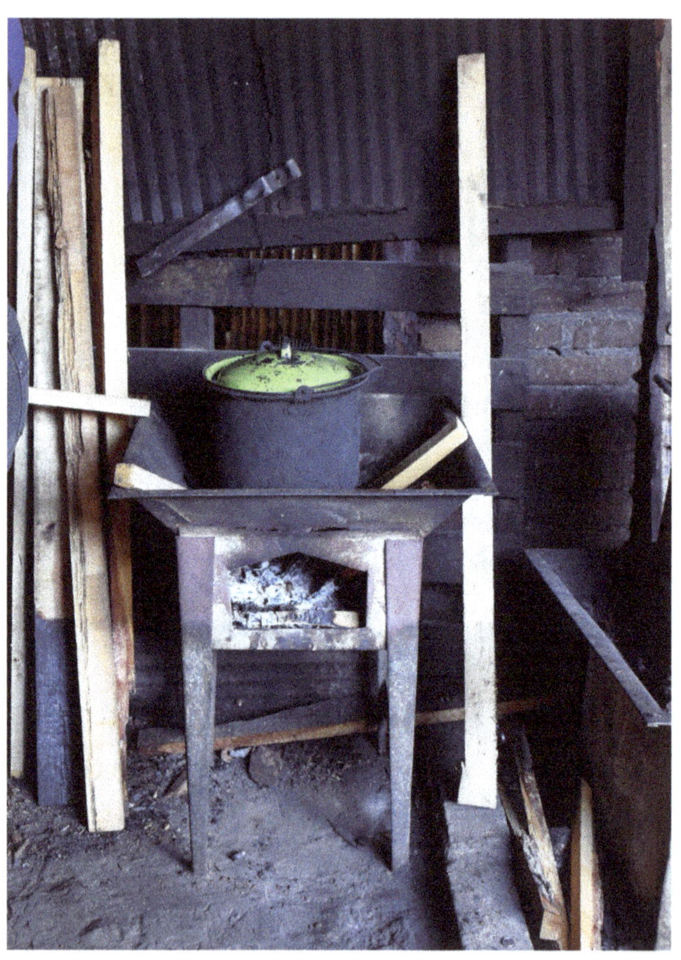

Trance

Todas las mañanas con ternura y esmero
prepara desayuno para dos,
entre cabras y borregos.
Cuidando cada detalle
e inventando nuevos versos
chifla alegremente canciones al viento.

Confiando que el tiempo
le conceda besos eternos
lanza suspiros al cielo,
abrazando margaritas y
rezando con empeño.

Su amor por ella
extrajo su juicio y su cordura.
Carmela ya duerme
una siesta profunda.
Dulce ánima
que espera el encuentro
de dos seres que en vida coincidieron.

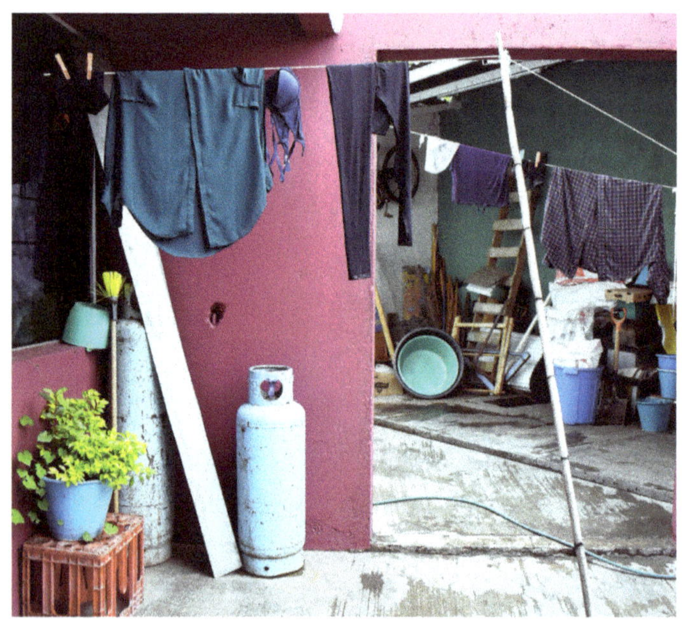

Tendedero

I.
Cuelgo mis temores
en el tendedero de la vida
con la intención de aniquilar
mis escalofriantes pesadillas.

II.
La brisa tersa
acarrea la calma
que tanto necesita
mi desbaratada alma.

III.
Saludables primaveras
se asoman por los huecos
como renovadas esperanzas
para mis desnutridos pensamientos.

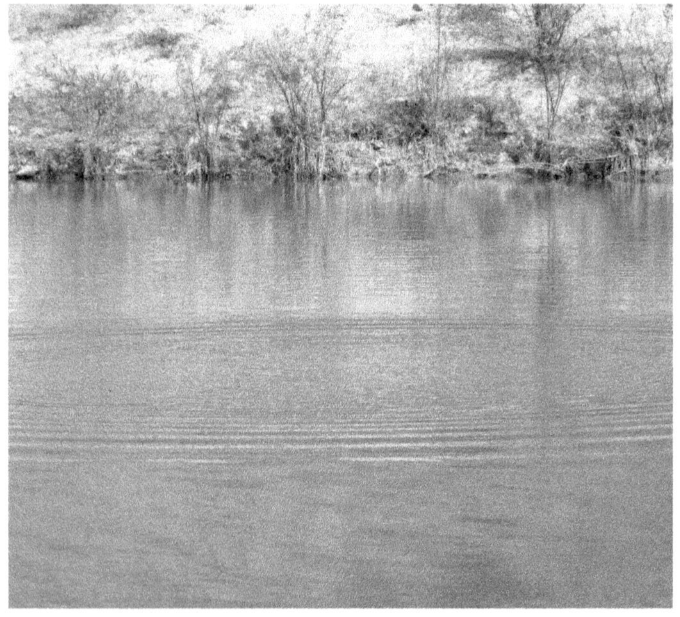

Festín

Las ninfas del río
celosas están
de que tus besos sean míos
y de nadie más.

Me visto de gala
como una diosa
los duendes bailan
haciendo rondas.

La mujercita con alas
su bondad nos dio
como regalo de bodas
que el tiempo guardo.

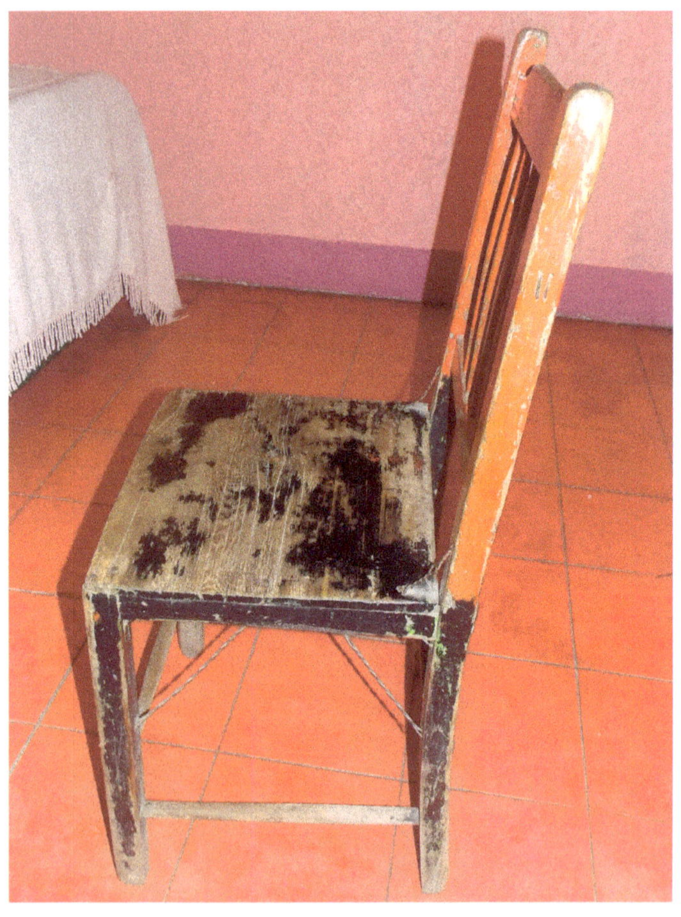

Desdén

Átame con tu indiferencia
a la silla del olvido
despoja el dolor de mis venas
y échalo todo al río.

El agrio sabor de tus besos
maldita me dejó
tu amor me volvió desgraciada
secándome la razón.

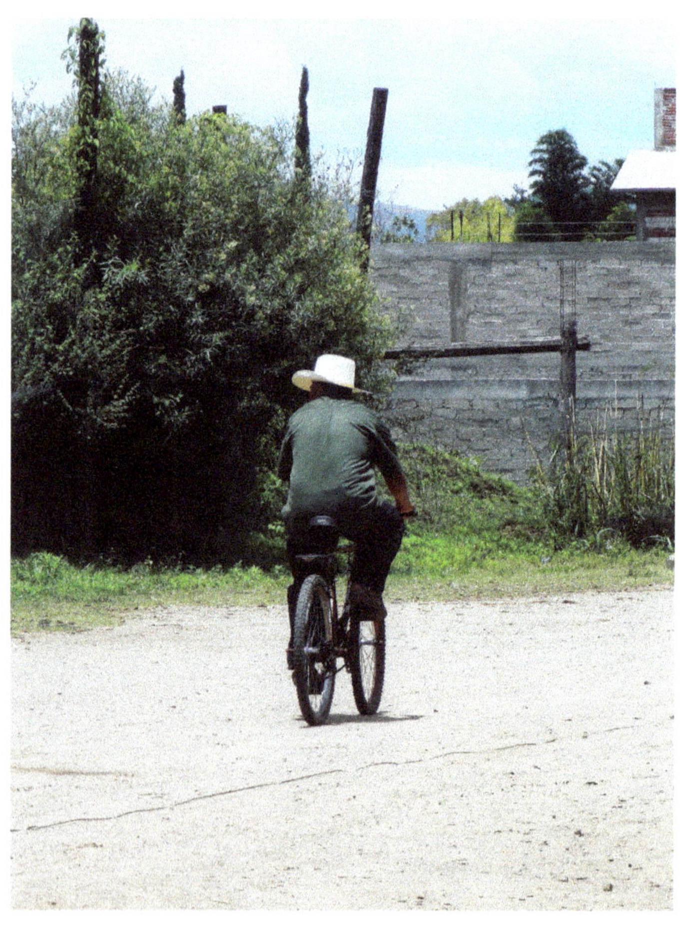

Alacrán

Andas por la calle
como todo un galán
disfrazado de inocente palomita
sabiendo que eres un alacrán.

Astuto y silencioso
surcas tu camino
preparas el veneno
para matar despacito.

Por eso cuando te veo
merodeando la esquina
rezo tres Padres Nuestros
y dos Aves Marías.

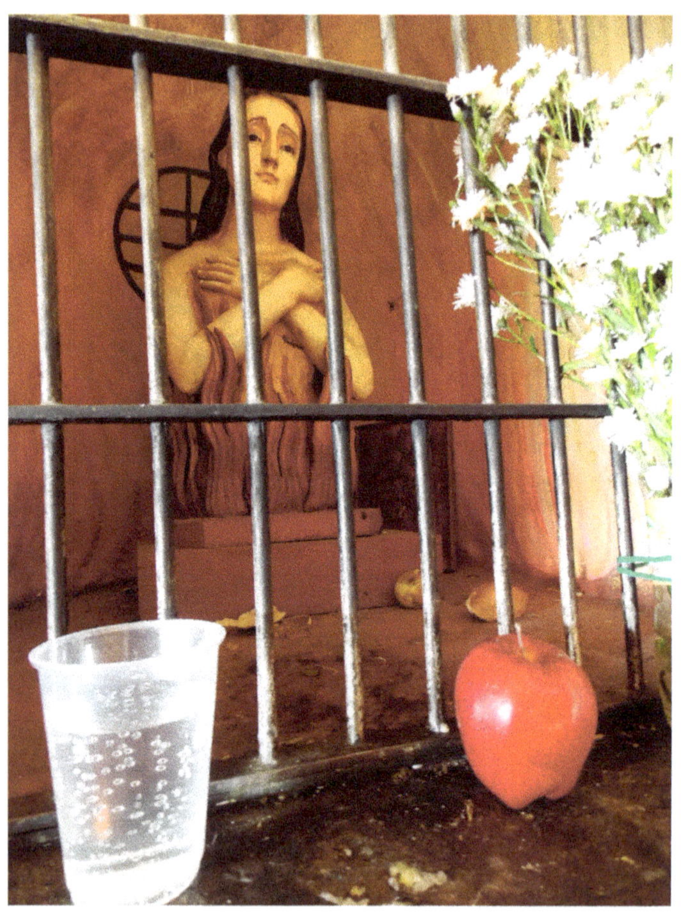

Grillete

Encadenada me encuentro
a tu soberbia figura
ladrón astuto y cruel
que a puño limpio robó
mi suerte y fortuna.

Ponzoña tienen tus besos
que moribunda quedé
sin fuerzas para escapar
la prisión de tu querer.

El infierno si existe
ya que yo vivo en él
sedienta se encuentra mi alma
de libertad y placer.

Soy un alma en pena
buscando paz,
bendito amor mío
el que no mereciste jamás.

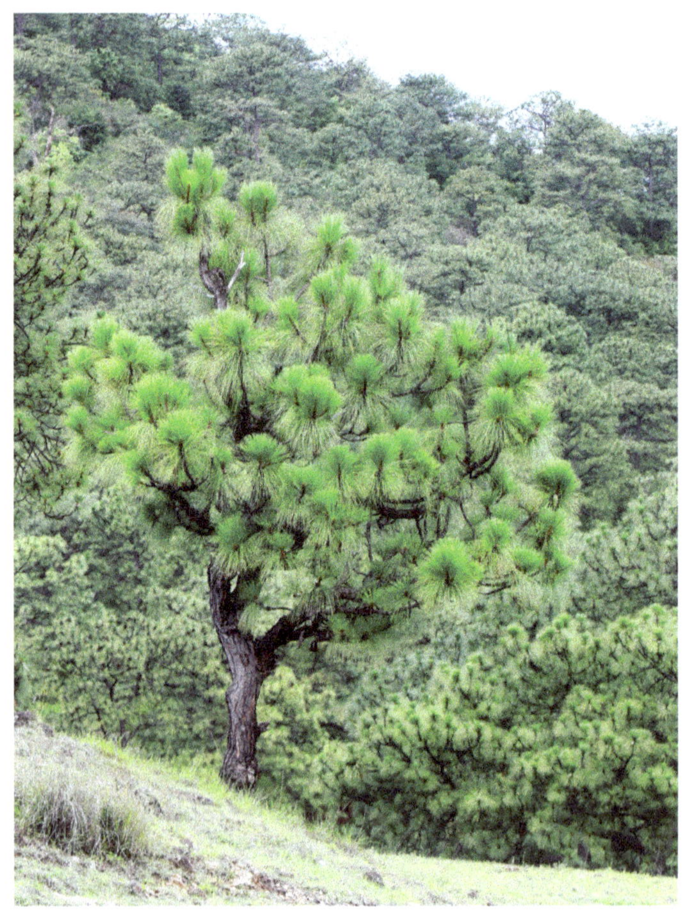

Impulso

Abrazo con fuerza
al destino incierto
bailo con la lluvia
que moja mi pelo.

Me baño en incienso
de delicados aromas
renovadas esperanzas
que el alma desborda.

Me tiro al vacío
de emociones fuertes
golpeo con ímpetu
al malvado inocente.

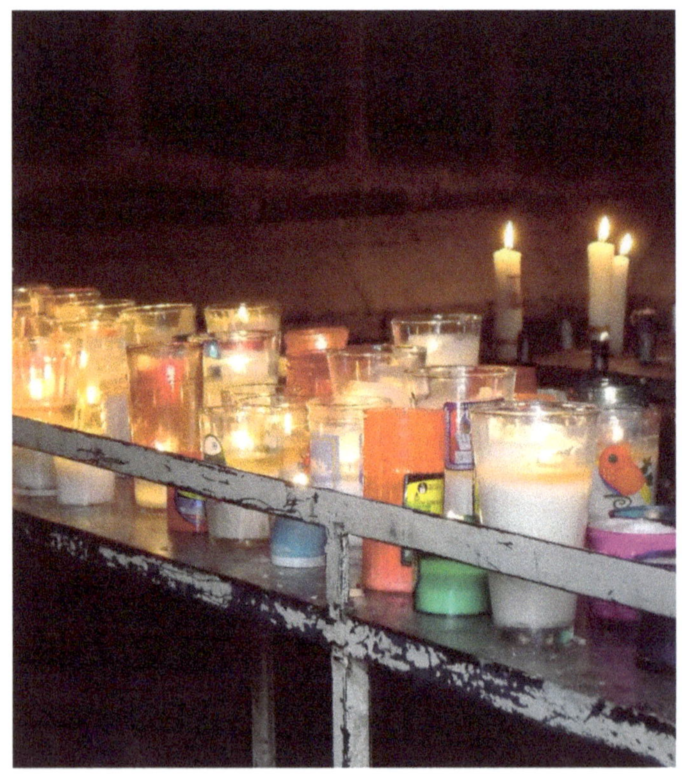

Cúspide

Promiscuo e inocente
así de intenso es nuestro amor
acariciarte es un deleite
con plumas de avestruz.

Éxtasis garantizado
con rosas rojas y pastel
sábanas de seda
emblema fiel.

Rodea nuestro lecho
con flores y veladoras
que el fuego de la alcoba
arda a mil por hora.

Despoja los temores
llévame al cielo enseguida
ambiciono danzar con las nubes
para alcanzar la cumbre divina.

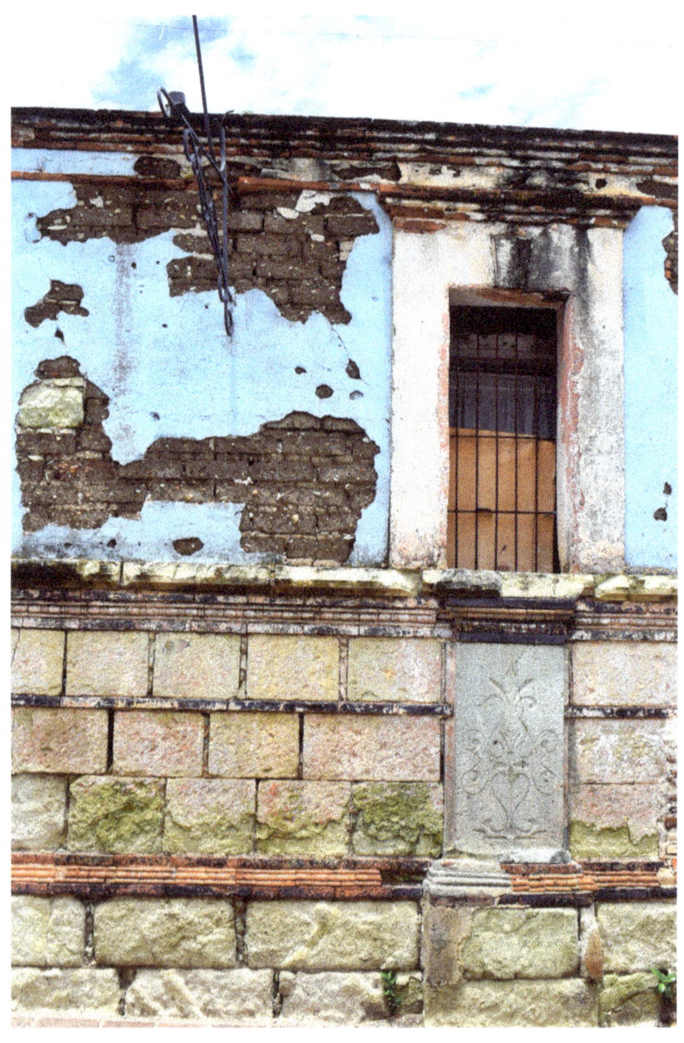

Desvelo

Piedras de cantera y adobe
testigos mudos
de la zozobra que inunda
mi frágil cuerpecillo.

Besos que el viento robó
latidos fundidos en el anonimato
sentencia de amor jamás pronunciada
desvelo eterno
ojeras pronunciadas.

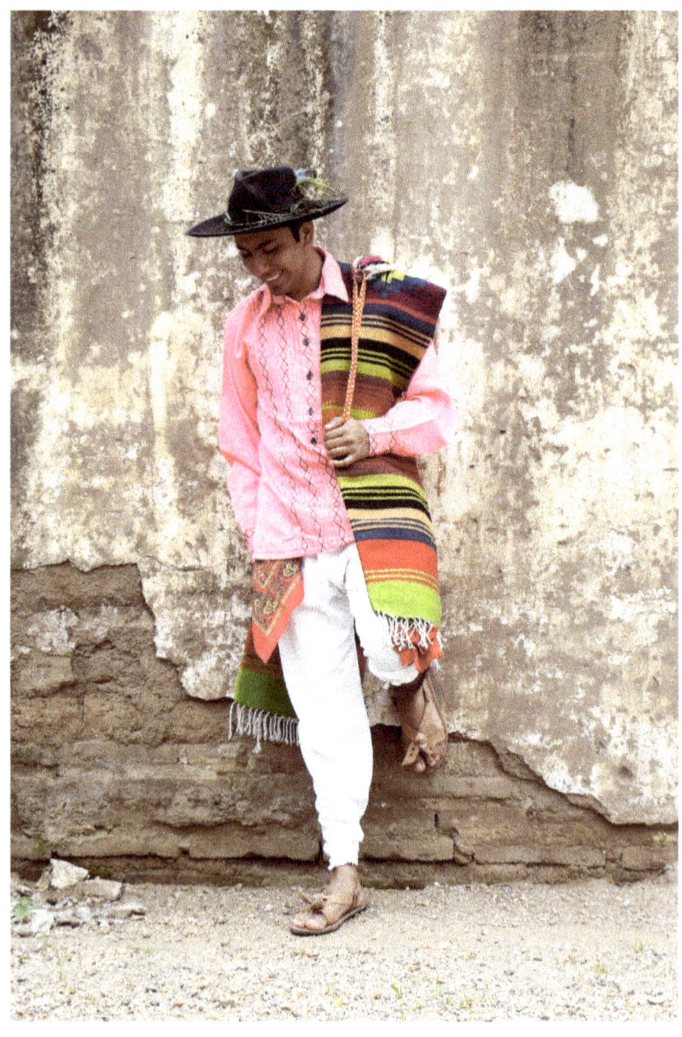

Éxtasis

A veces me dan ganas
de salir corriendo velozmente
acurrucarme en tus brazos
y besarte eternamente.

Probar esa boquita
que incita al pecado
esos labios carnosos
deliciosos como mango.

Respirar tu aroma
me vuelve loca
tu cuerpo es un templo
y yo tu diosa.

Freno de repente
ante este desvarío
para darme cuenta
que yo para ti no existo.

Dulce quimera
que me martiriza.
Un eco en el tiempo.
Una fantasía.

Soy la esclava
de amores prohibidos,
no eres mío
solo eres un delirio.

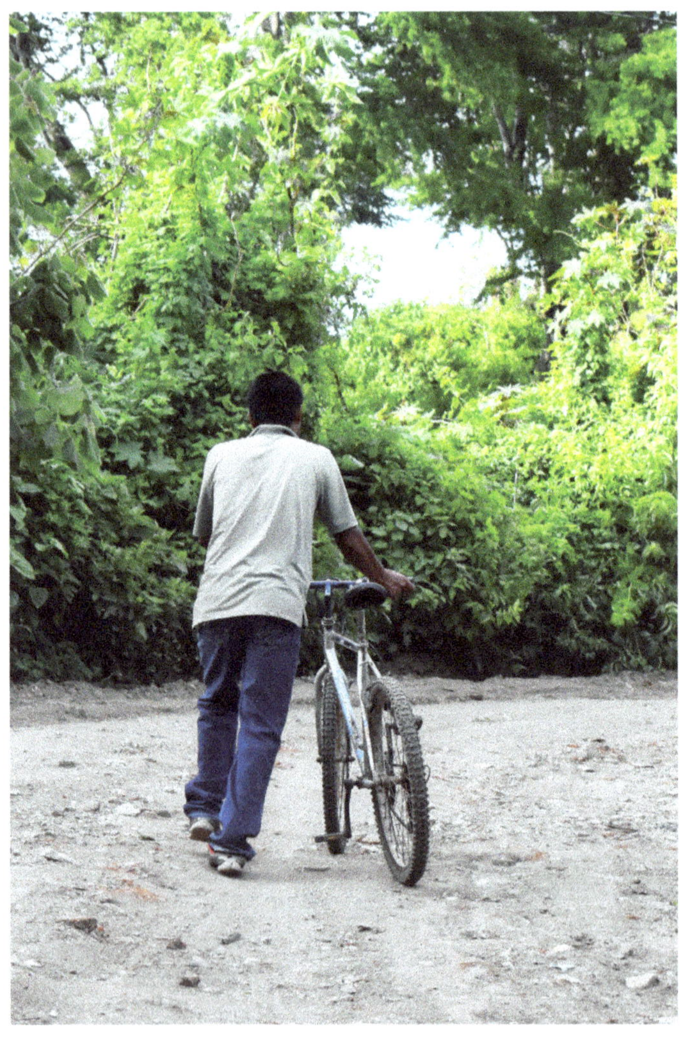

Deuda saldada

La deuda está saldada
ni me quieres
ni te quiero
sigue tu camino
y qué te bendiga Dios.

Lo vivido es pasado,
fuimos dos almas
que en el camino se encontraron
intentando jugar al amor.

El orgullo fue más fuerte que la razón
la soberbia se metió en la cama
apagando la llama de la pasión.
Gritos y reclamos
eran los platos fuertes en el comedor,
mi coraje se convirtió en escudo
para proteger mi corazón.

Basta ya de esta farsa,
aquí perdimos los dos,
seguiré escribiendo mi destino
con el tiempo de testigo
sanando las heridas de este turbulento amor.

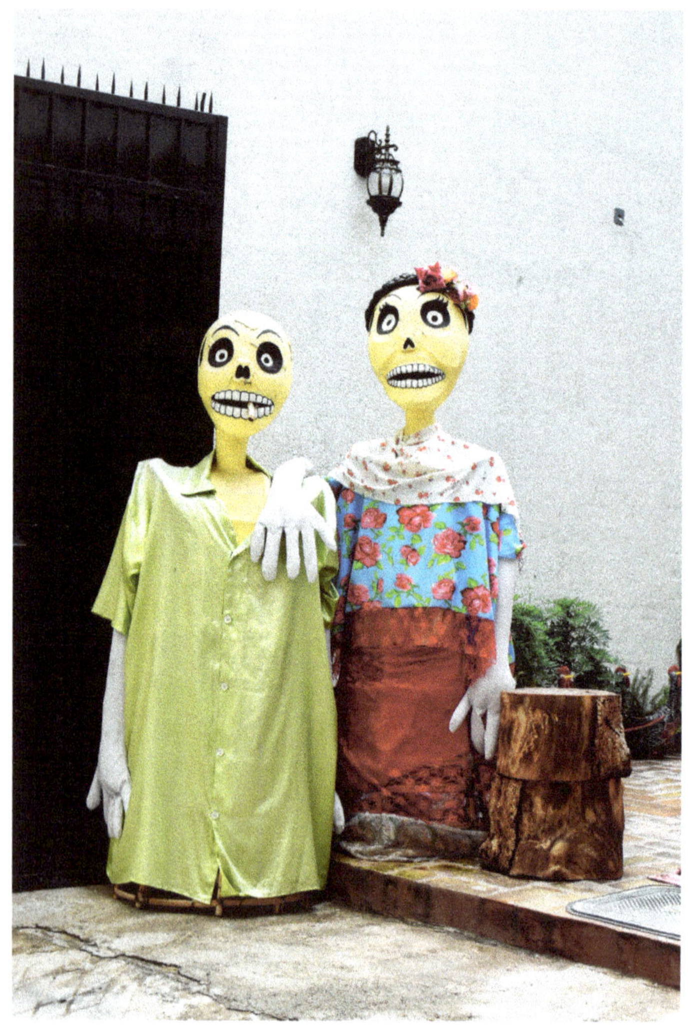

La calaca

La calaca me anda buscando
quiere meterme en su morral
llevarme al inframundo
para acompañarla en su soledad.

Confabula con sus secuaces
en la trampa mortal
afilando sus enormes garras
para poderme atrapar.

Se pasea la coqueta
muy sonriente y cariñosa
pero a mi no me asusta
esa huesuda tramposa.

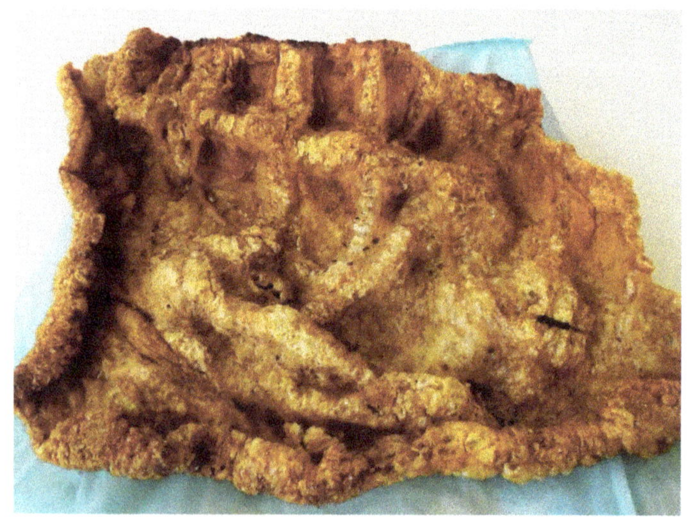

Madeja

Pensamientos retorcidos y enredados
que crujen en la mente
como chicharrones baratos.

Zumbidos de palabras
que ensordecen y atarantan
opacando la serenidad
de mis largas jornadas.

Tormentos que retumban
destellos de luciérnagas
chispas de nostalgia
revueltos como la marea.

Me quedo enredado
entre la madeja de ideas
que se columpian y se asoman
como buitres en primavera.

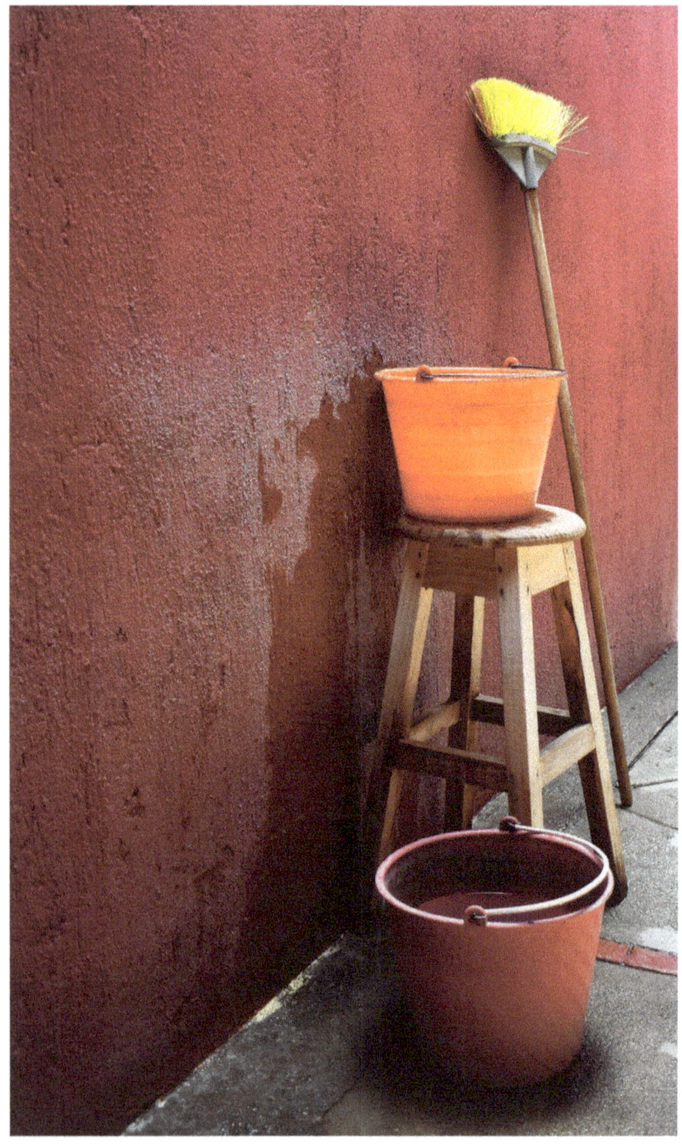

Recuerdos

Al arañar el pasado
se desgarra la memoria
trozos de emociones caen
en cubetas salpicadas
de triunfos y derrotas.

Añoranza escondida
en la profundidad del pensamiento
vagas en el alma
como un zopilote hambriento.

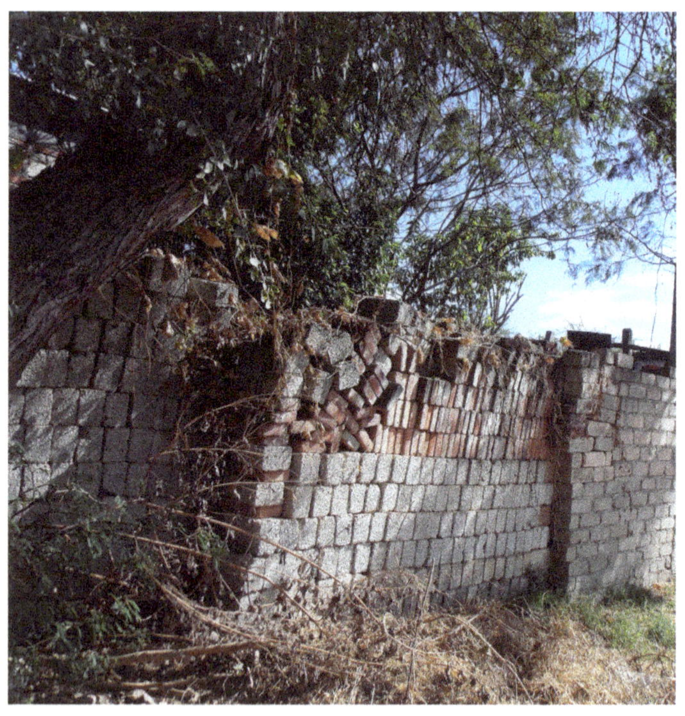

Muros

¿A dónde irán
los pies cansados de tanto vagar?

Ojos llenos de incertidumbre
pestañeando ansiedad
topan con muros empinados
que roban el resuello
al quererlos atravesar.

Las fronteras atajan la hermandad
quedando desamparadas las oportunidades
en el límite territorial.

La fraternidad se hace ciega y sorda
jugando a los dados con la dignidad humana.
Los caminantes suplican misericordia
ante el voraz infierno de sus penas y congojas.

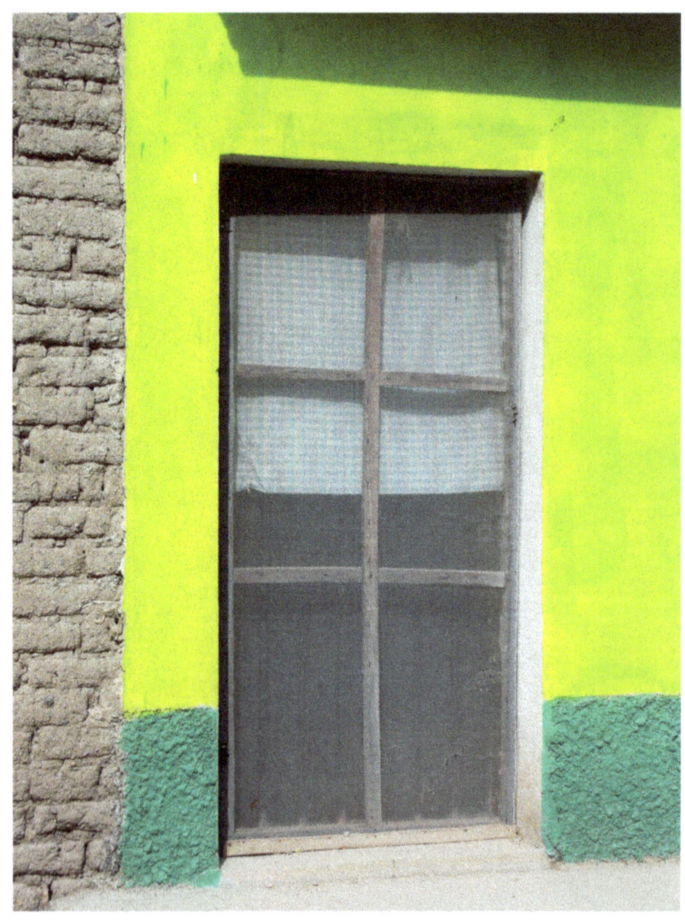

Irse

Hijitos míos,
hijitos del alma
la necesidad me obliga
a salir de casa.

El trabajo está escaso
la pobreza nos sigue tragando
no encuentro la salida
a este largo calvario.

Me voy mañana
muy de madrugada
al otro lado
a buscar esperanza.

Perdón les pido de antemano
por perderme cada uno de sus cumpleaños,
los abrazos de Navidad y
el de fin de año.

Perdón también les pido
por las lágrimas
que de sus ojos brotarán
y por las carcajadas
que el malvado tiempo apañará.

Ruta incierta
que se vislumbra por encima de los cerros
mientras los kilómetros aumentan
el recuerdo de los días felices
se entierra como estaca en el pecho.

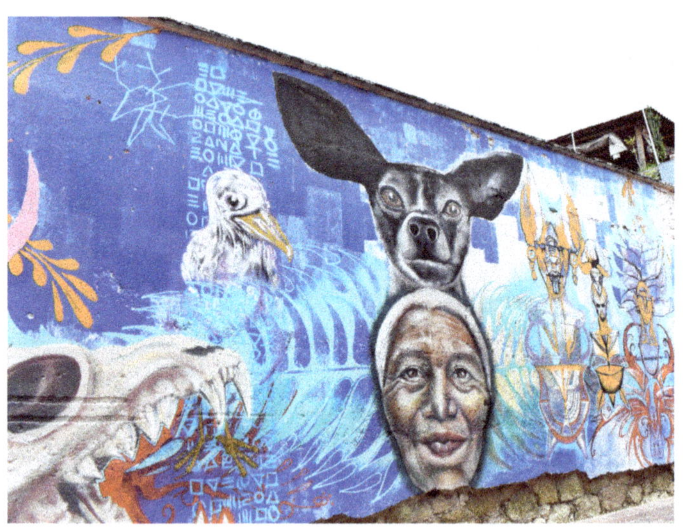

Viaje

Sus ojos se cerraron
la veladora de la vida se apagó.
La esencia de su ser
marchita como la margarita quedó.

El humo del copal inunda
el aposento de la tierna doncella
el canto del cenzontle cesó repentinamente
y las mariposas emigraron al otro lado de la Tierra.

Vuela, vuela alma mía:
hacia el otro lado del camino
ahí el Xoloitzcuintle te espera
para cruzar el río.

Hermosa princesa
engalanada con pulseras y collares
duermes cubierta de jade
mientras el trueque
entre la vida y la muerte
se adueñan de tus andares.

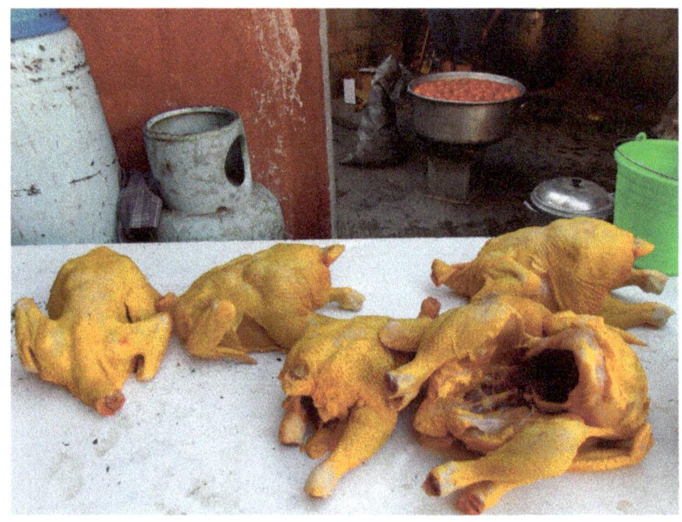

Apariencias

No todo es color de rosa
dentro de mis cuatros paredes
riño con el caos de la soledad
y la impertinente muerte.

Ríos de ideas sombrías
cubren mi quebradiza conciencia
espectros embusteros rebotan
debajo de mis cobijas.

Piruetas hago en la casa
para alejar los malos pensamientos
juego matatenas y bailo cumbias
como en mis viejos tiempos.

Guiso un caldo de pollo
con cebolla y hierbabuena
para alimentar mi desnutrida alma
y así poco a poco
ir curando mis penas.

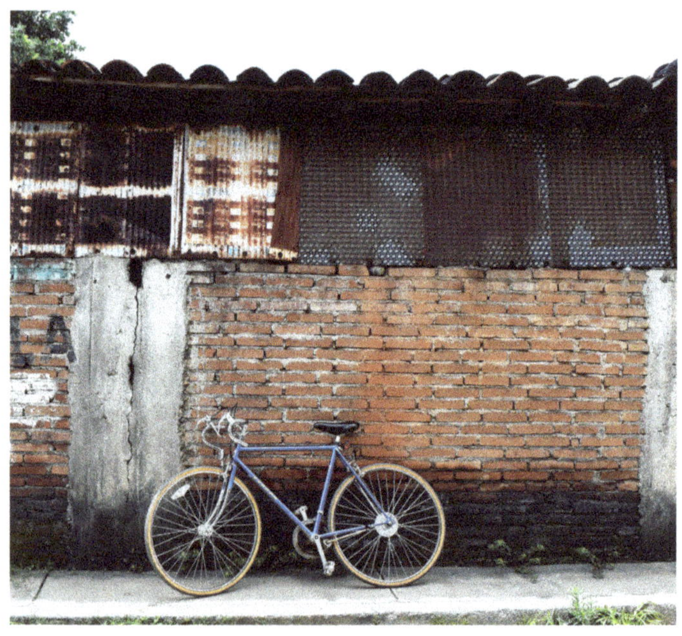

Miedos

Soy el hazmerreír
de mis miedos,
ellos me tienen acorralado
como un pobre borreguito
listo para ser degollado.

Agreden mi conciencia
petrifican mis sentidos
el corazón pende de un hilo
soy un títere de sus caprichos.

El miedo me corretea
en bicicleta y en burro
hago malabares como trapecista
para escabullir la embestida de mi verdugo.

Tengo que enfrentarlos
a como dé lugar
no puedo ir por la vida
ignorando mi pesar.

Agarraré fuerzas,
entrenaré como guerrera,
dominaré mis ansias
y encararé a la bestia
que ha chupado mi confianza y mi fortaleza.

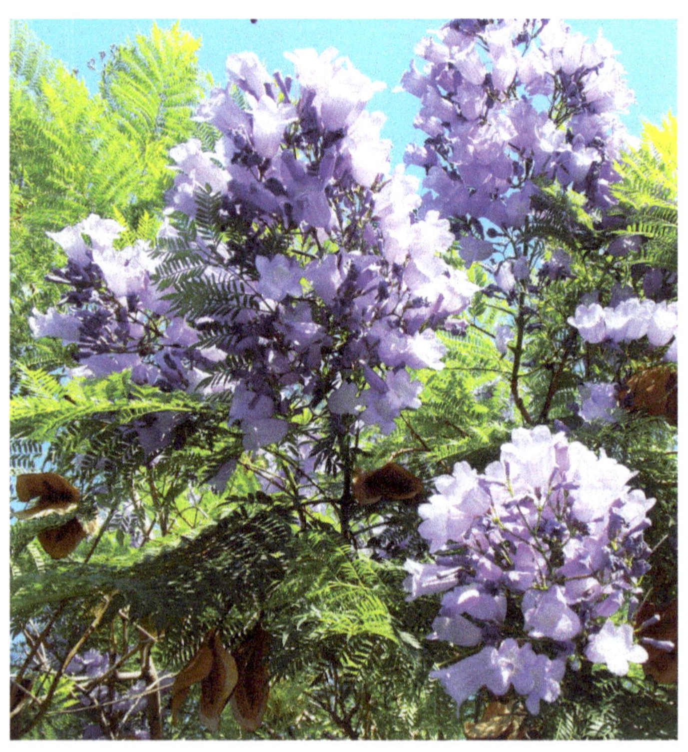

Jacarandas

Planté jacarandas
por toda la cuadra
con la esperanza
de que al mirarlas
pensarás en mí.

Se vistieron de gala
en color morado
adornando tu arribo
engatusando tus sentidos
desenmarañando tus sesos
y dejando al descubierto mi rostro
que sucumbe de amor por ti.

Ahora que sabes
lo que mi alma guarda
espero paciente el día
que te enamores de mí.

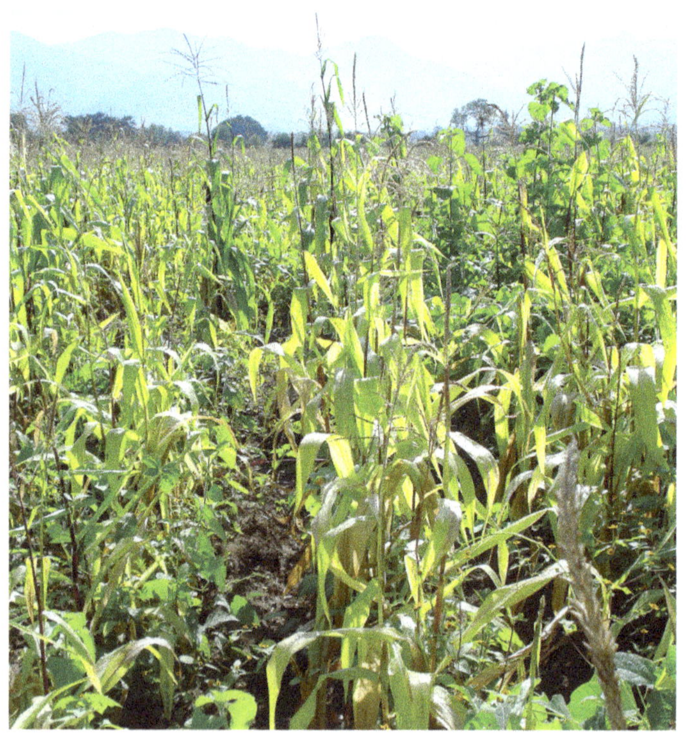

Maíz

El maíz es vida
agua, tierra, sol, humanidad
relación indispensable para la sobrevivencia.
Lazos entrañables e inquebrantables.

Semillas fecundas
arquitectas de la civilización
brotando de la tierra
en una gama de color.

Tu valor rebaza
las plumas de quetzal
tu hermosura opaca
el jade y las conchas del mar.

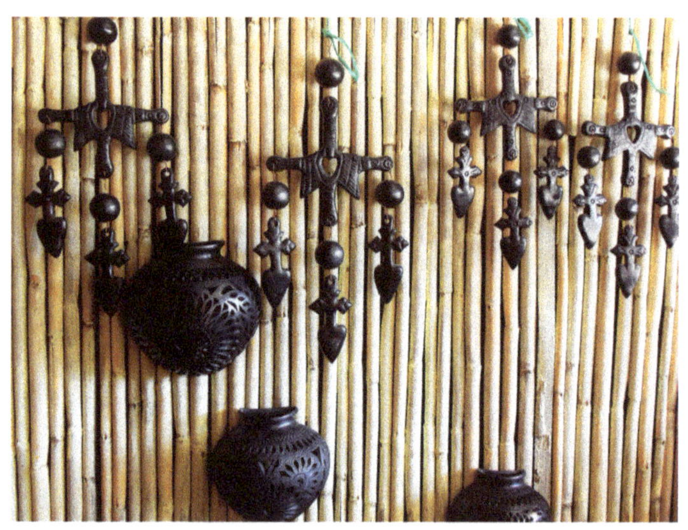

Danza del fuego

Seres de barro
a la espera de la vida
fantaseando con los latidos del campo
antes de entrar a la danza del fuego.

Seres completos
con aliento divino,
chapados de pigmentos y
ataviados de creatividad
buscan refugio en el mundo
como embajadores de la tierra y la hermandad.

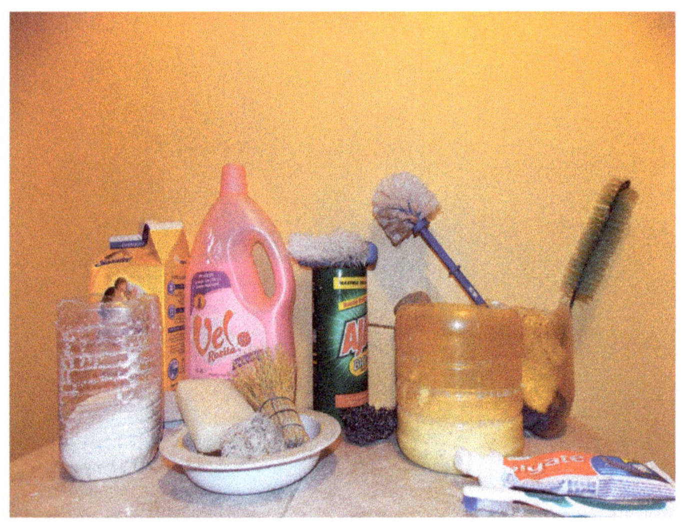

Avispas

Tu recuerdo pica
como avispas en verano
el aguijón de tu amor
en la piel lo llevo clavado.

El veneno de tus besos
por mi cuerpo se regó
aún no encuentro remedio
para este intenso dolor.

He limpiado mi memoria
hasta con agua y jabón
pero el eco de tu risa
satura mi razón.

A mi corazón le puse
ungüento por las noches
con la esperanza de curar
mis despedazadas ilusiones.

Nada ha funcionado
todo ha sido en vano.
No me queda de otra
que seguir viviendo
con el recuerdo de haberte amado.

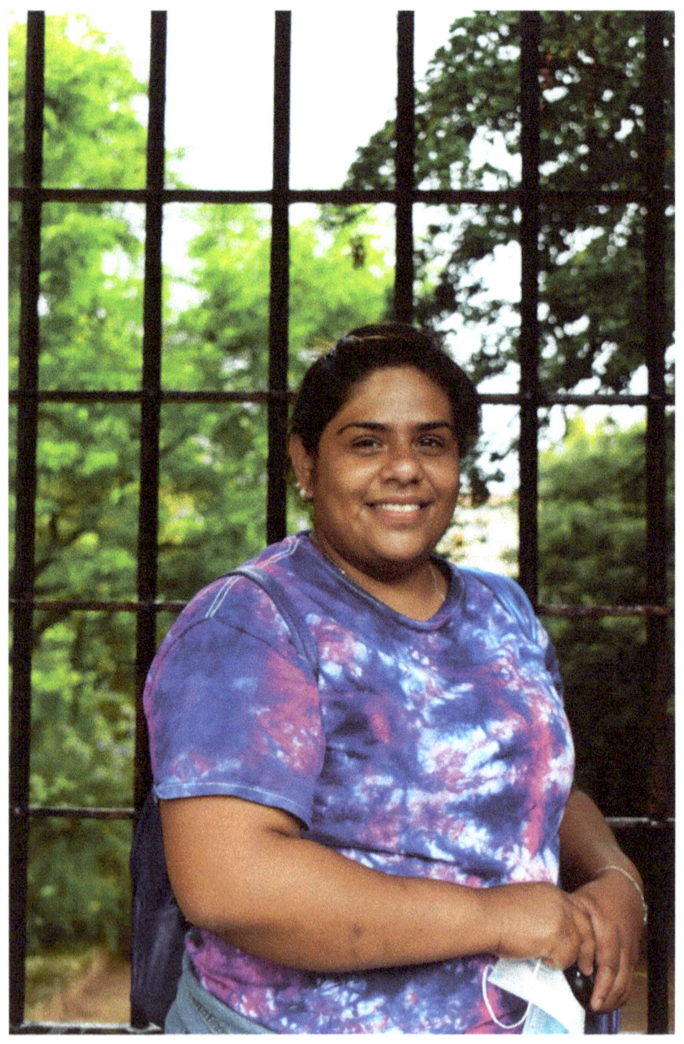

Luceros

Por ese par de luceros
que brillan en tu linda carita
haría lo que fuera
por ser el dueño de tus miraditas.

Las perlas negras del mar
envidian tu primor
tus ojazos son gemas finas
obsequio de la creación.

Concédeme la gracia
de cuidarlos eternamente
mimarlos cuando están tristes
y contemplarlos en días relucientes.

Eres la niña de mis ojos
la persona que más adoro en este mundo
quiero envejecer mirando
la dulzura de tu embrujo.

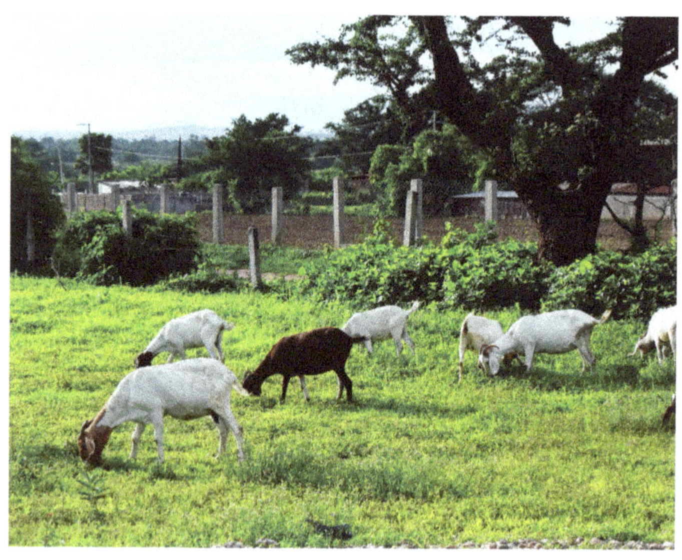

Chivo

Atrás de la camioneta amarilla
voy como un

c
h
i
v
o

desde ahí puedo ver
la gloria de los maizales,
sentir la espontaneidad del viento
y el pavor del autoritarismo
que trata de evaporar
la fragancia de mis entrañas.

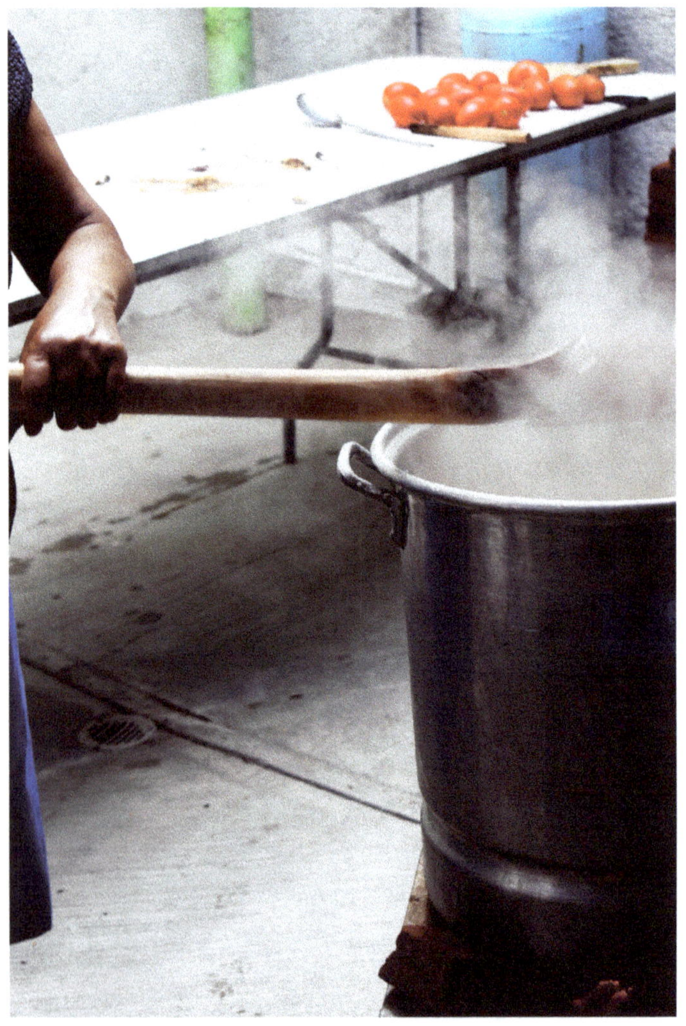

La fonda

La fonda de la esquina
recinto de olores
abanico de posibilidades
y refugio para barrigas hambrientas.

Al mediodía,
las ollas, cacerolas y cazuelas
son las protagonistas
de un colorido desfile.

Con sabor mestizo
se rinde culto a la Madre Naturaleza.
Sorbo tras sorbo
bocado tras bocado
la solemne ceremonia
alrededor de la mesa se lleva a cabo.

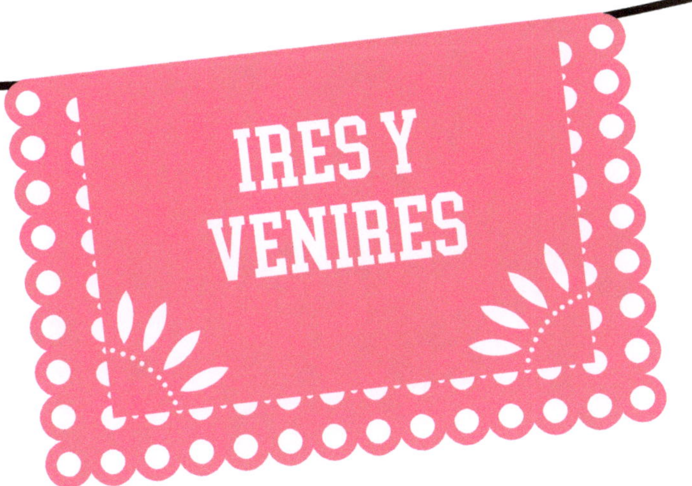
IRES Y
VENIRES

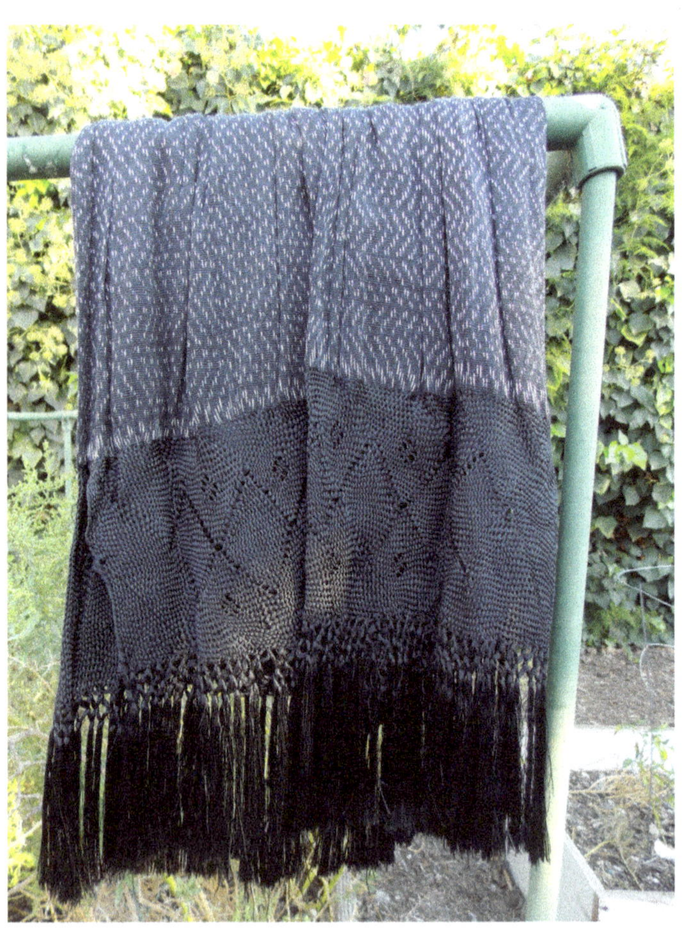

Silueta sonámbula

En la ventana pernoctan
los sesos alborotados
de un hombre sonámbulo y romántico.

Se ve a leguas
que la luz de los cirios
apenas le calienta el pellejo.

Un enjambre de culpas,
despiertan su conciencia
sacudiendo todo el espinazo.

A moco tendido,
las costras de un mal amor se caen una a una
refugiándose entre las barbas negras del rebozo.

Guarda las noches
cuando la hizo suya en el baúl de los recuerdos;
deambula por la casa,
desflorando los besos de su boca
mientras da manotazos al cielo
con ojos tristes como de gato.

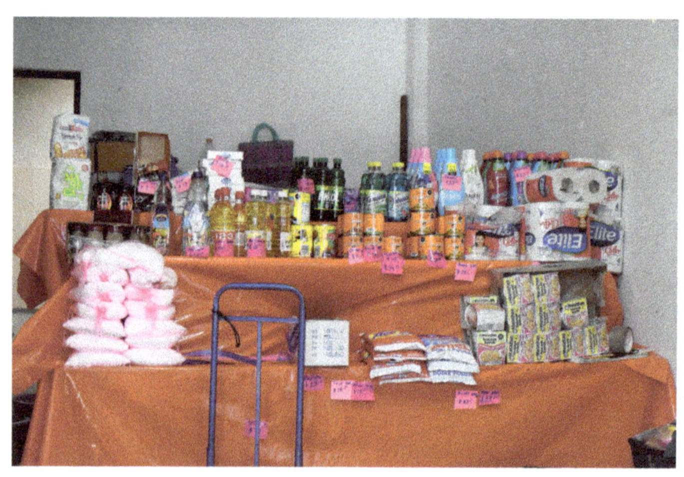

Canasta básica

maíz. seguridad. justicia. frijol. arroz. azúcar. paz. aceite vegetal comestible. atún. trabajo. salario justo. sardina. educación. vivienda digna. respeto. tolerancia. leche fluida y en polvo. queso. yogurt. protección de los pueblos y lenguas originarias. libertad de expresión. privacidad. chiles. café. sal de mesa. avena. agua limpia. medio ambiente sano. servicios de salud. pasta para sopa. harina de trigo. chocolate. galletas marías, de animalitos y saladas. bienestar físico y psicológico. votar y ser votado. lentejas. jabón para lavar y de tocador. papel higiénico. derechos sexuales y reproductivos. detergente en polvo. pasta y cepillo de dientes. libre tránsito y residencia. hacer peticiones o solicitudes a las autoridades o a los servidores públicos. protección de datos personales. acceso a la información. transparencia en la gestión pública. democracia. carne de res. carne de puerco. pollo. tostadas. pan dulce. huevos. derecho a la propiedad. seguridad jurídica. procesos legales justos. principio de legalidad. libertad de culto. pescado seco. cacahuates. amaranto. puré de tomate. pasas. chabacanos. higo seco. jamaica. tamarindo. libertad de asociación, reunión y manifestación. libertad de imprenta. gelatina. garbanzos. chicharos. crear y pensar libremente. igualdad ante la ley. soya. manzanas. plátanos. peras. derecho a la vida. materiales de curación. ácido fólico. caña. sonrisas. poesía. chicozapote. chirimoya. ciruela. valores. durazno. granada. guayaba. guanábana. jícama. lima. limón. mamey. mandarina. mango. melón. naranjas. papaya. piña. cuentos a la hora de dormir. palabras. sandía. tejocote. toronja. tuna. uvas. zapote. acelga. aguacate. apio. betabel. brócoli. calabacita. camote. camarería. hermandad. solidaridad. empatía. generosidad. amabilidad. ternura. puntualidad. champiñón. chayote. chilacayote. col. coliflor. ejote. elote. espinaca. fortalecimiento de la cultura e identidad. flor de calabaza. habas. nabo. nopal. papa. pepino. pimiento morrón. poro. quelite. rábano. romeritos. verdolaga. miltomate. xoconostle. zanahoria. amor propio. amor al prójimo.

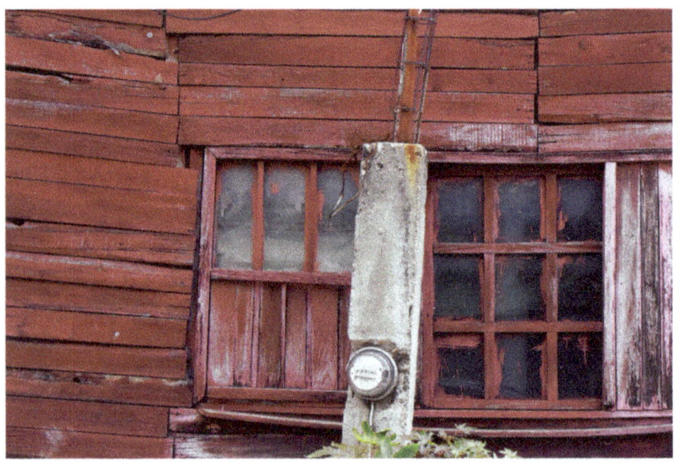

Una balada a cupido

El coqueteo sonoro de los grillos
a las ocho de la noche en punto
es de buen augurio para encontrar el amor.

El recital nocturno
es un poema a la vida,
una velada romántica
que se extiende hasta que raye el sol.

Los grillos bien afinaditos
manifiestan su anhelo
de encontrar a su pareja,
con o sin ayuda de la vanidosa luna.

Serenata seductora
envuelta en rocío de sombras,
los sonidos bailotean en el aire
y los ecos se filtran por la ventana,
mientras el cansancio yace
sobre la primorosa almohada.

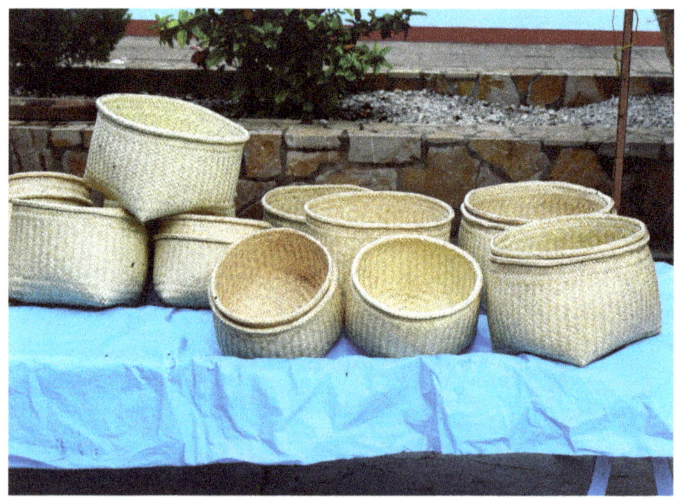

Tenate

Deposité en el tenate
las memorias tristes de la infancia;
las tardes de calor y color,
y la ausencia de luz
cuando el llanto me visitaba.

También puse las sombras curtidas
de nuestros cuerpos bañados en sudor
en el mar verde del valle.
Esos magueyes que presenciaron
la entrega total del amor inocente.

Incluso coloqué las reliquias
de San Antonio de Padua y
las trece monedas que le ofrecí.

Mi tenate es muy pequeño
para todo lo que quiero guardar,
mañana iré temprano al mercado
a comprar otro par.

Hay un manojo de recuerdos y extravíos
amontonados por doquier en mi pecho.
Es hora de sacudir, barrer, desinfectar,
rociar y volver a empezar ligera.

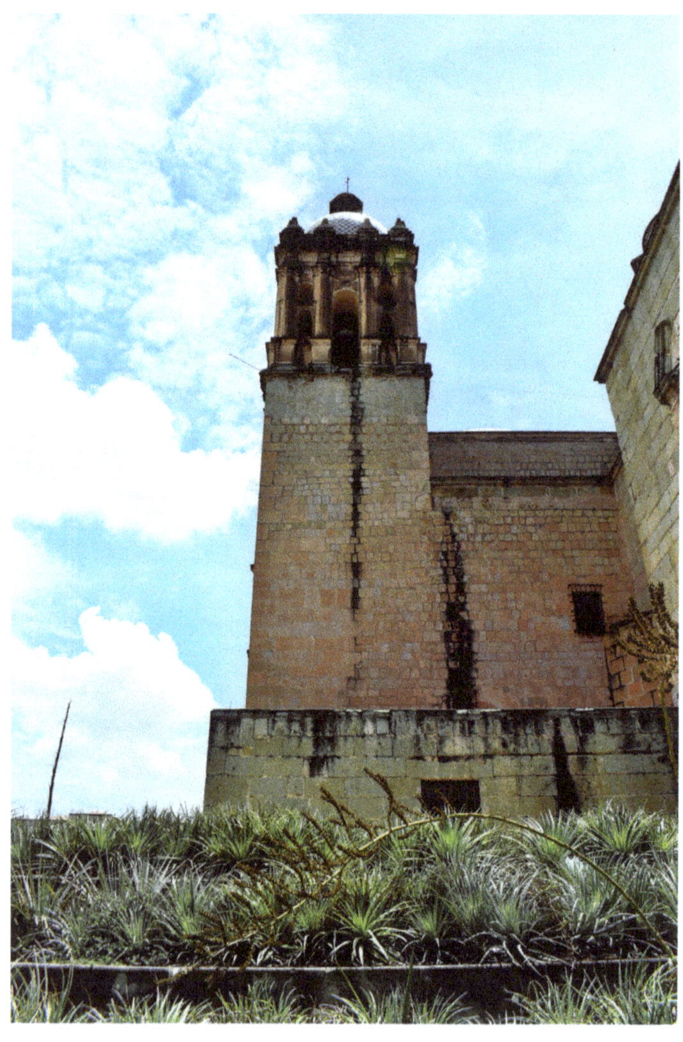

Sombras matutinas

Los años se anidaron en tu pelo
convirtiéndose en un delicado
ramillete color margaritas.

Bajo un mar de nubes
tus pasos siguen avanzando
entre las sombras matutinas
de la colorida ciudad.

Los achaques de la edad
son medallas al heroísmo,
al mérito de vivir
apechugando los tiempos y lugares.

Elevas tus memorizadas plegarias al cielo
entre paredes averiadas de recuerdos,
la sagrada armonía
la amalgama entre lo divino y lo terrenal.

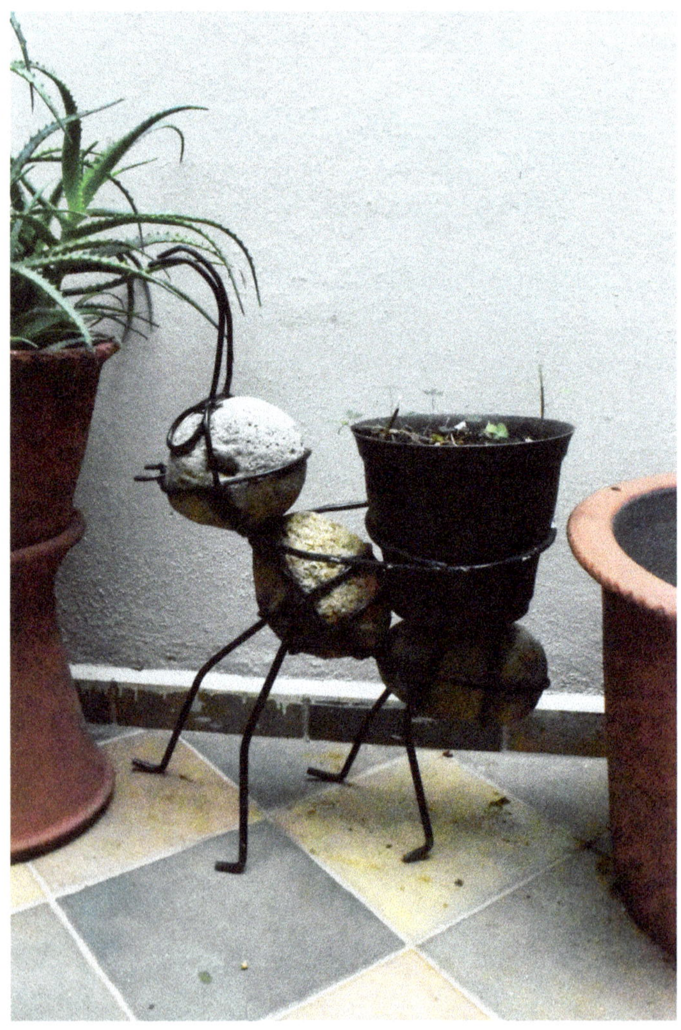

La caja torácica

Pongo mil excusas
para no creer en mí.
¡Ese es mi gran problema!
La inseguridad recorre mi cuerpo
como hilera de hormigas
cargando trocitos de alimento.

Miro al espejo
con duda y miedo,
al ver aquella imagen reflejada y
remojada en vulnerabilidad;
mientras el amor propio
se aloja en la caja torácica.

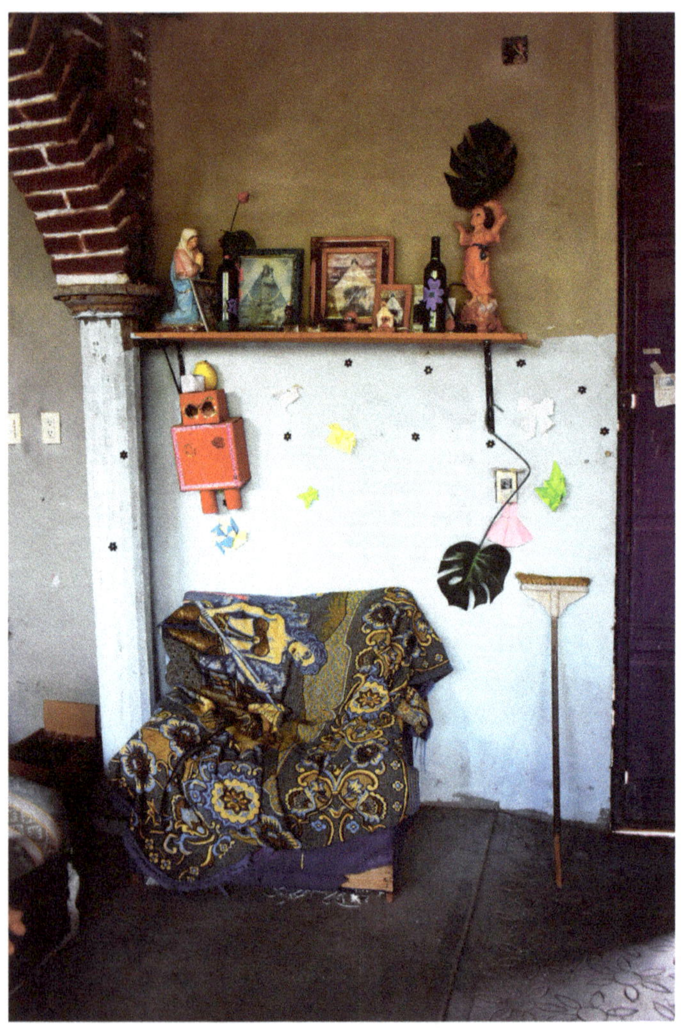

Hogar

Hogar es donde el amor
y la libertad conviven como hermanos.

Hogar es tener un remedio
para cualquier mal.

Hogar es guisar
y comer en familia.

Hogar es volver a ser niña,
saborear barquillos de vainilla
y correr empapada de agua fría.

Hogar es encontrar el refrigerador
cubierto de dibujos, fotos y recados.

Hogar es reconciliar
a la limpieza con el orden.

Hogar es el ombligo,
el nido donde crecen las alas.

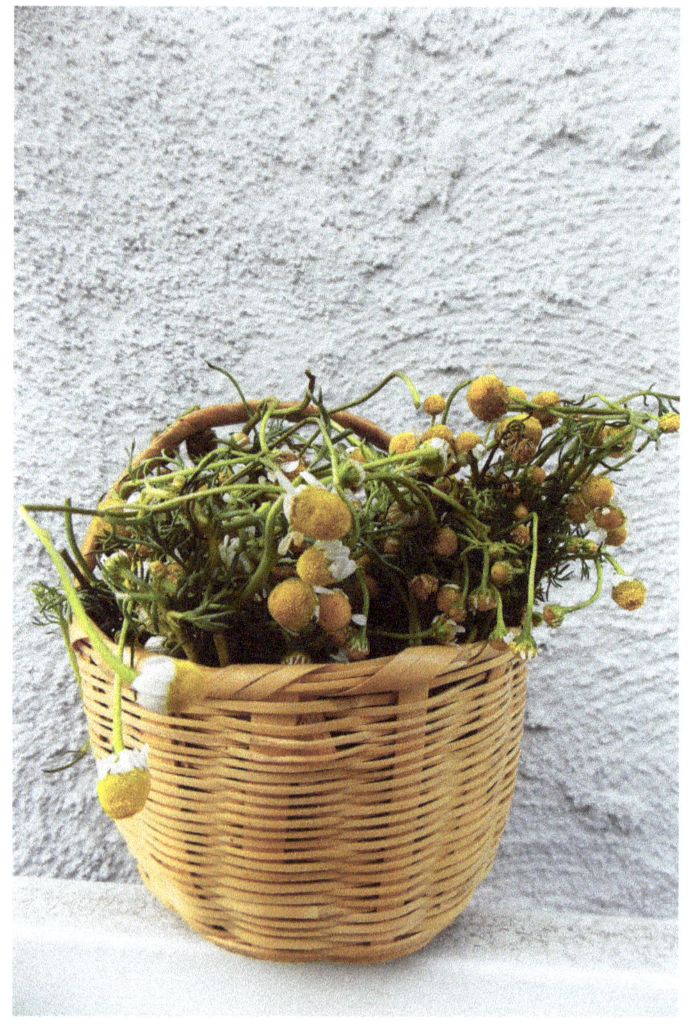

Marcas

Desabróchame la memoria
y úntame té de manzanilla con arcilla roja
para quitar esas marcas
que el amor me dejó.

Mientras los duendes
juegan con las trenzas,
mi menuda figura tiembla
al recordar los ásperos labios
que habitaron en mi cuello
como huéspedes de honor.

Quisiera mandar los recuerdos por un agujero negro
que en su infinita densidad
la oscura estrella devore las marcas de ese amor.
Por amor propio, la sanación alcanzaré
entre hierbas aromáticas y partículas cósmicas.

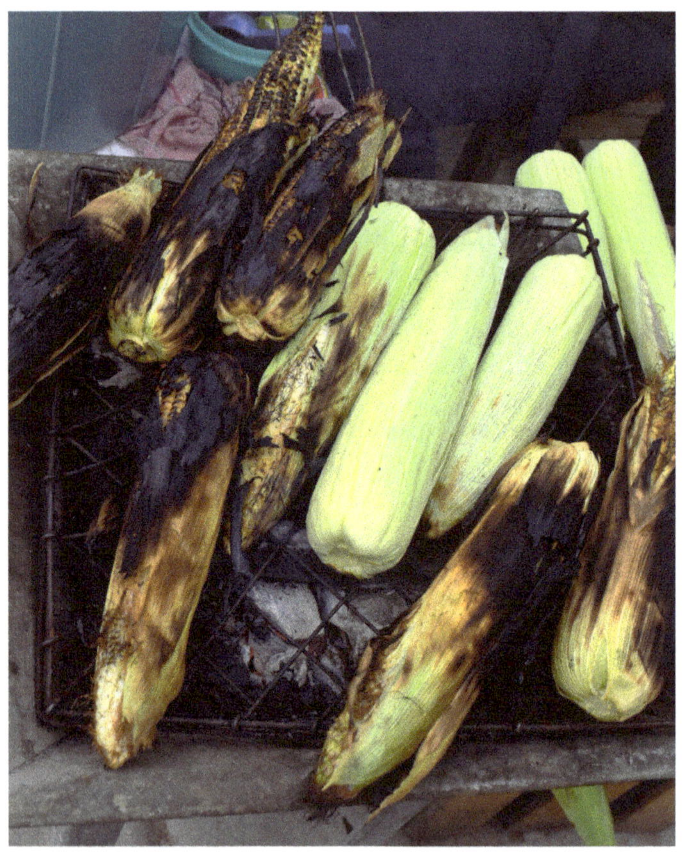

La misma plana

Cuaderno de espiral metálico,
lleno con la misma plana
la idéntica oración en las 160 páginas,
resaltando como letrero de neón
renglón tras renglón.
       [Se me cae la baba al imaginarme
       unos ricos elotes asados]
Violentamente vuelvo a mi descolorida realidad
tartamudeo al querer pronunciar tantas palabras,
tuerzo la boca, muevo la cabeza
y veo el café de la mañana hasta el tope de moscas
reposando junto a los quince bolígrafos sin tinta,
a la mitad de la mesa en espera de acción.

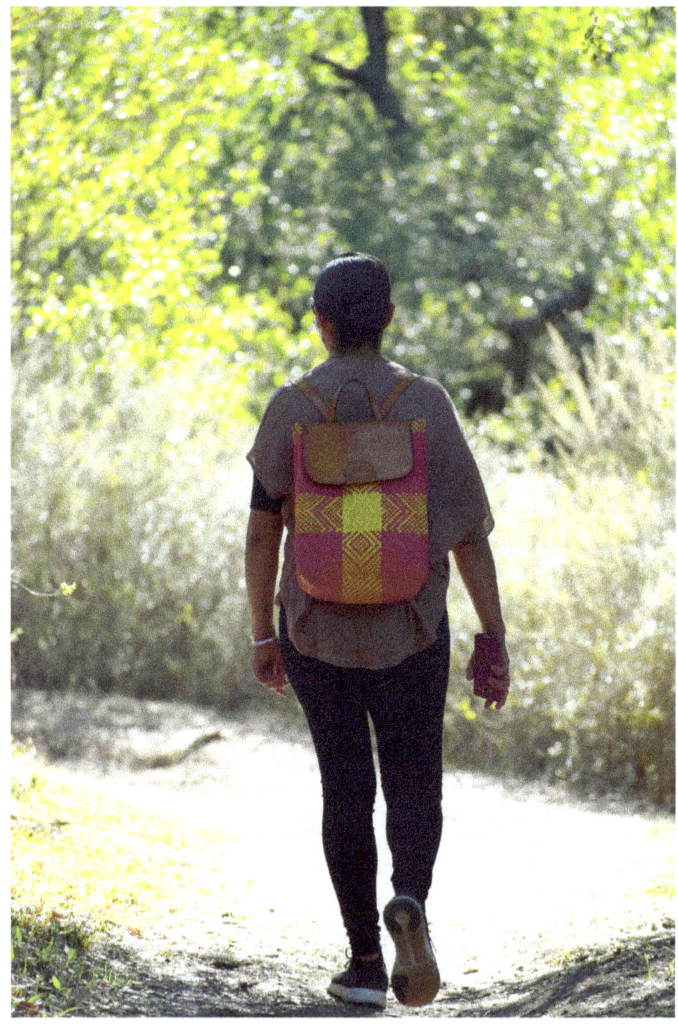

Mochila

La mochila en mi espalda pesa,
llevo una linterna,
una botella de agua
y una cobija por si me gana el frío.

Huyo de los sonidos de la vida
que me llevan al abismo de la soledad.
Intento dirigirme a un destino paradisíaco,
un lugar donde los fantasmas
no persigan mis sesos
ni chupen mis ilusiones,
mucho menos infecten mi paz mental.

Sigo trotando,
haciendo paradas cada diez minutos
abrazada por la intemperie,
mientras el cenzontle agasaja
al crepúsculo de la vida.

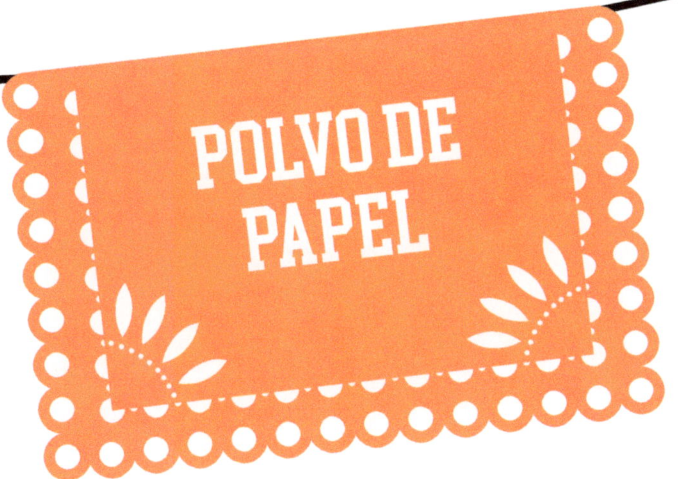
POLVO DE
PAPEL

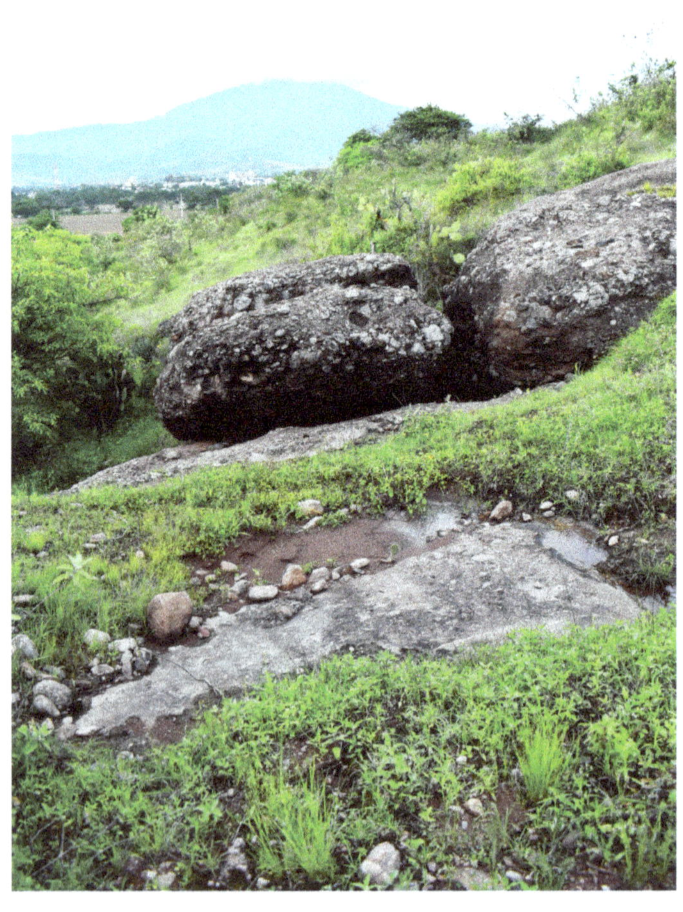

Lejanía

En la lejanía duele el brillo de la luna
y los mansos ojos flotan en el líquido de la memoria
torturando así, lentamente a la nostalgia
mientras el corazón se escurre por la ventana.

Muy lejos los pies están
de la patria y de las personas queridas,
las piedras grandes y boludas respiran el dolor;
el aroma del copal, la ruda y el ocote
tranquilizan las ansias de volver.

Un vendaval sopla sobre los huesos
al querer regresar donde está enterrado el ombligo
pero los zapatos negros de charol
siguen buscando con todo y suelas gastadas
un lugar, un destino.

Las hojas salpicadas de risas, lágrimas y sueños
adornan el ángulo cero,
los colores y la melancolía no tienen fronteras
viajan desvelados, durmiendo de vez en cuando
en la recamara infinita de los sollozos.

Todo en la lejanía duele y duele mucho
… y no veo la hora de volver.

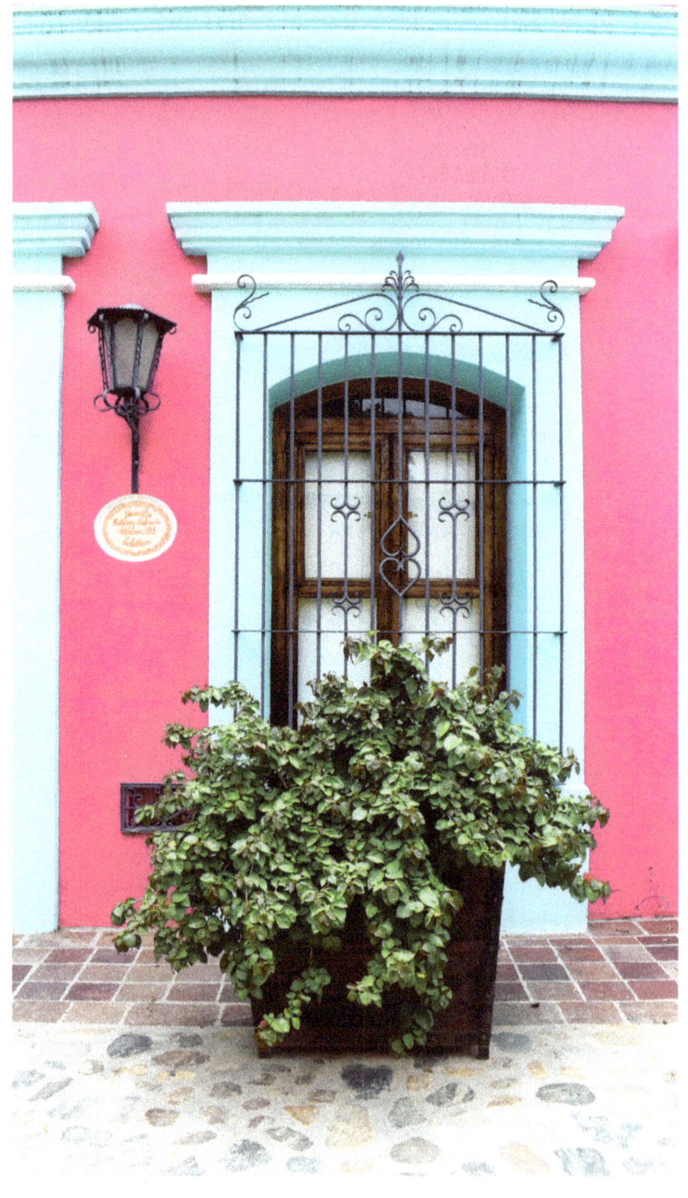

Casa propia

La ilusión de tener casa propia
la llevo amarrada a mi dedo meñique
vivir de arrimada es una situación triste.

El encierro consume
tienes miedo de hablar, de reír,
de caminar por los pasillos,
abrir la puerta del refrigerador
y lavar la ropa los domingos.

Si algo falta o falla en la casa
es y será tu culpa.
Las frases acusadoras son tus verdugos:

      "Tú, lo quebraste"
      "Tú, te lo comiste"
      "Tú, lo descompusiste"

La ansiedad se apodera del cuerpo,
es sentir la lumbre del infierno
anidarse en el pescuezo.

Una vida fuera del cuartito
es mi más grande anhelo.
Quiero botar a la basura
la vieja caja de cartón
donde he guardado mis pocas pertenencias
y suprimido el corazón.

Todos los días
le echo un nudo doble
al hilo de la ilusión.
En mi dedo meñique
llevo las paredes invisibles de concreto,
las cortinas de seda,
el jardín con flores
y las llaves relucientes
de un hogar con olor a cacao y maracuyá.

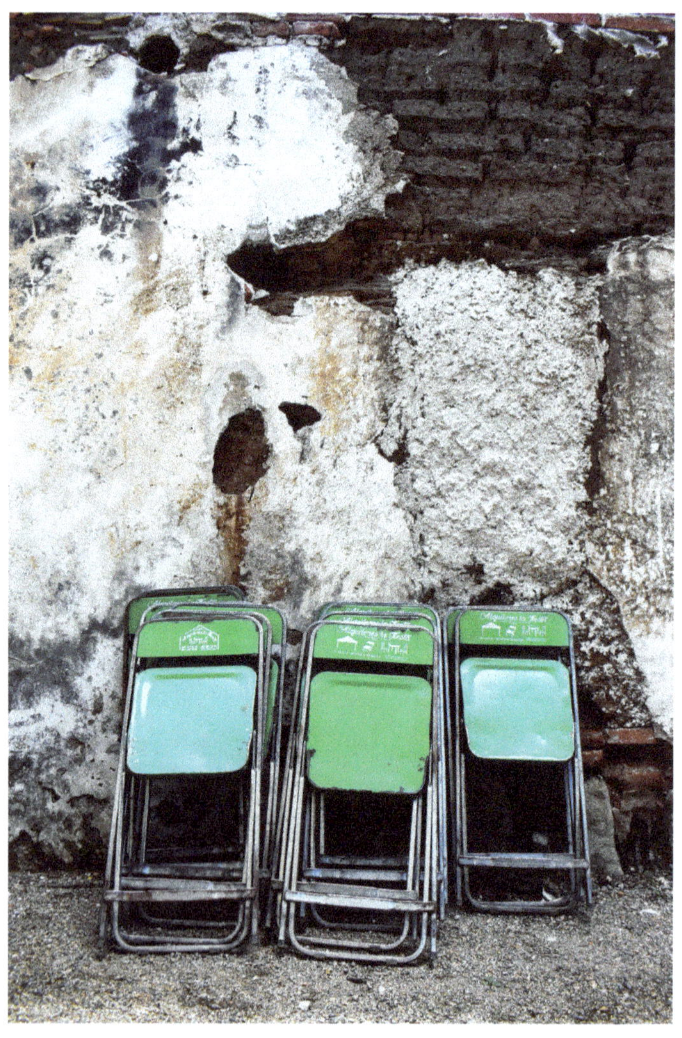

Servicio de alquiler

Se alquilan sentimientos
para todo tipo de ocasión
el mobiliario va incluido
sin necesidad de reservación.

También, se regalan dudas
para probar la razón,
puñito a puñito se liberan
con el viento juguetón.

Tengo el alma mallugada
desde aquella luna de octubre
donde tantas incógnitas zangolotearon
al ritmo de quejidos e incertidumbre.

Vendo, presto, regalo o alquilo
todo lo que a mi ombligo le cause hastío.
Ambiciono jugar en la cascada,
ver desfilar la paz con encajes de colores
y que se cuelen los luceros por el zaguán
para espantar a la inútil soledad.

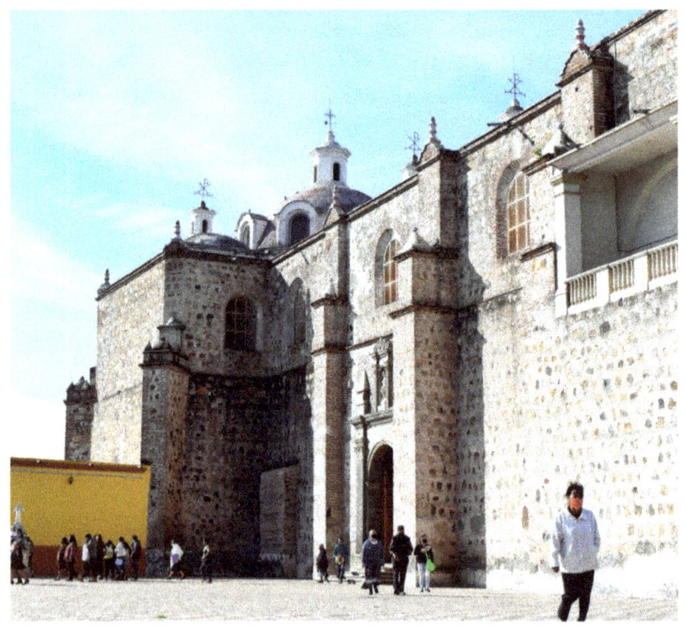

Dios no tiene tiempo libre

Dios no tiene tiempo libre
ni días feriados,
tampoco disfruta de los puentes vacacionales
y nunca cobra viáticos.

Plegarías y reclamos le llueven
a zurda y a derecha,
es más buscado en días de pena
que en los de fiesta.

Su popularidad sigue vigente,
es un personaje muy influyente.
No sé dónde está,
solo se cuenta que es un sujeto especial.

Yo lo he buscado varias veces
desde que se me cayeron mis primeros dientes de leche,
rezaba sobre la espalda de mi perro,
mientras la milpa bailaba con el viento.

Le pedí que cuide a los pájaros
viviendo en las montañas pelonas,
los troncos de los árboles caen
cada veinticuatro horas.

¡Ah!, también por mis muñecas calvas
para que el pelo les retoñe;
y por los ratones tragones
viviendo detrás del coche.

246

Por el gatito recién nacido de mi vecina,
por la docena de conejos del tío Fermín,
por las tortugas en Mazunte
y por la cigüeña que trae a mi hermana en abril.

La lista es larga,
como mecate de ajos.
Dios escucha los corazones
y el tiempo lo cura todo.

Dios no tiene tiempo libre
ni días feriados,
anda más ocupado de lo normal
por ser principio de año.

248

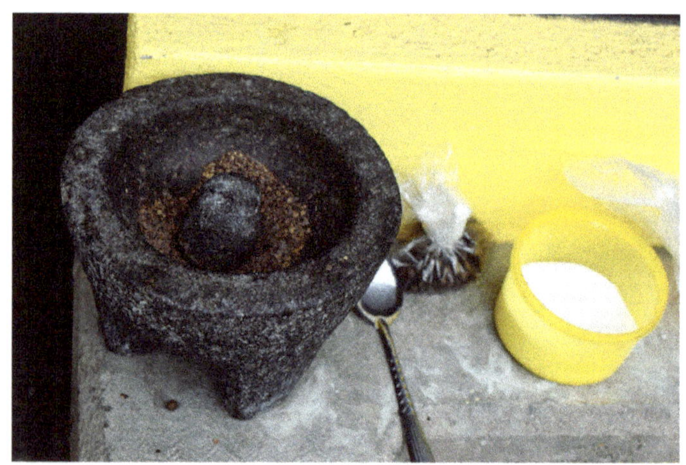

De viernes a viernes

Debo advertirle a usted
sobre estos antiguos hábitos
que no he podido corregir.

De viernes a viernes,
muelo en el molcajete: pimienta, sal, ajo y cebolla
mientras recito cuartetas imperfectas;
duermo con los calcetines puestos
y un antifaz de seda.

También, me lavo los ojos con manzanilla,
me jalo las orejas cuando estoy nervioso
y lavo mi ropa con jabón en polvo.

Ya entrado en confianza,
fui infiel solo una vez
y compro veinticuatro crisantemos blancos a fin de mes.
No sé usar Excel,
soy adicto a los mensajes de WhatsApp
y me rehúso a creer en el poder de Instagram.

Soy una obra de arte no finalizada,
aunque esto pueda resultarle fascinante o desagradable;
sigo en proceso de experimentación,
puliendo detalles,
afinando cualidades,
limando defectos
y todo para regalarle,
la mejor versión de mí.

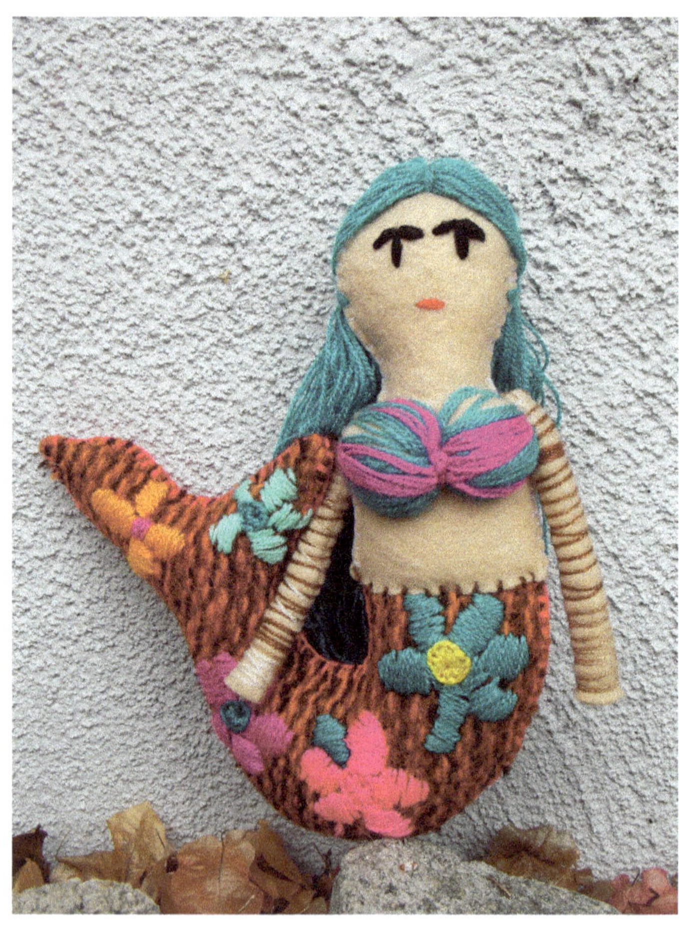

Propósito amoroso

Me enamoré de la gramática por ti.
Aprendí a conjugar verbos irregulares,
el diccionario dormía conmigo
y las reglas de puntuación
se adueñaron de mis sentidos.

Prosa, sonetos o rimas
complaciente te escribía
en días de neblina, de chubascos
y también cuando el calor extraía mi energía.

Enmarque cada palabra
con leña del cerro,
versos de amor formal
con la ilusión de un "te quiero".

Fascinante propósito amoroso,
envuelto en un velo de esperanza,
elogiando con palabras tu cintura de sirena
y tu sonrisa hechicera
en más de mil cartas apasionadas y sinceras.

Ariadna Sánchez Hernández

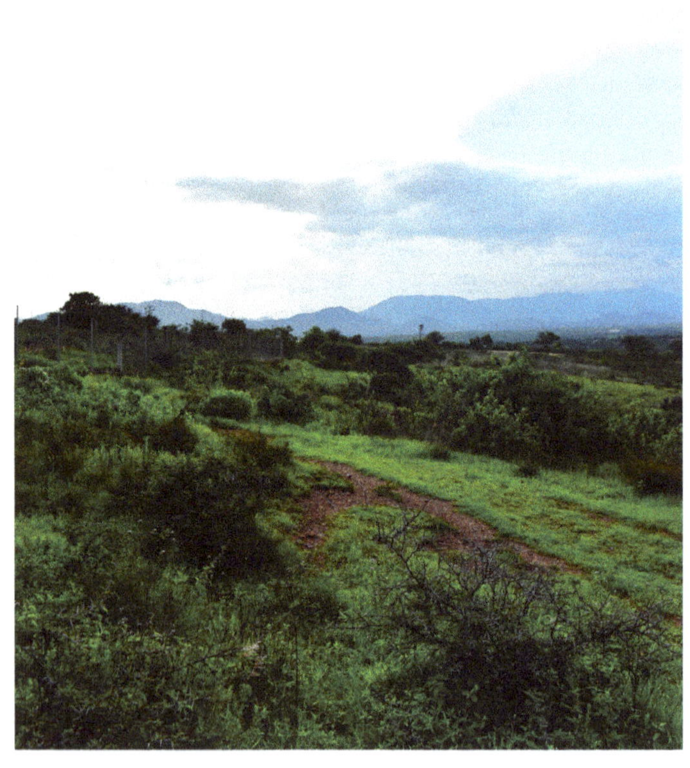

¿Quién me compra un paisaje para mis versos?

Un paisaje donde mis versos puedan habitar
y los ecos de cada palabra
ensordezcan a la injusticia,
a los tiranos y egoístas.

Con cada letra ir formando nuevos mensajes
que circulen por el universo
con aroma a flor de naranjo.

Versos que se enreden
con la paz azul del cielo,
abrazando tajadas de alegría
mientras las aves de paso,
se detienen para descansar y comer.

¿Quién me compra un paisaje para mis versos?

Tengo once años de estar preguntando y buscando.
En el camino he coleccionado muchas estrellas en mi mano,
mantengo los ojos bien abiertos
y la esperanza latiendo.
Quizás, algún día, con delicadas pinzas
colgaré mis poemas en un paisaje
rodeado de poetas,
escoltada por mariposas
y bailando al ritmo
de los remolinos de mi pensamiento.

254

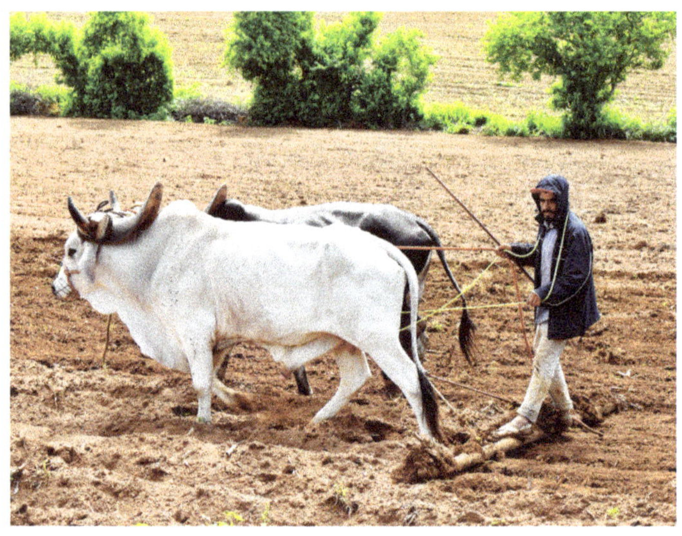

Una semilla en la tierra

Soy una pieza diminuta
en el gigantesco rompecabezas de la historia,
un eslabón en la cadena de la vida
honrando la memoria de mis abuelos y sus abuelos
quienes me enseñaron a amar la tierra,
a cultivar semillas de diversos colores y formas,
a aceptar a mis semejantes por muy distintos que parezcan,
a vivir en armonía en compañía de las aves,
a chiflar canciones como los gorriones,
a tener tiempo para encontrarme conmigo misma
y así curar los tormentos del corazón
mientras mi piel se baña con el sol.

En mi pañuelo,
llevo guardado un pedacito de cielo,
tiene una luz suave y agradable;
la dejo caer sobre las matas todos los días,
para que sigan floreciendo en los verdes campos
con la esperanza,
de que mis hijos y los tuyos
vean la gloria de la Madre Tierra.

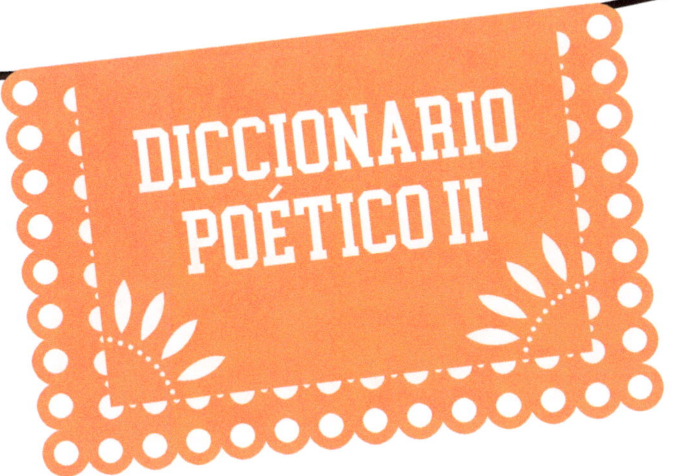
DICCIONARIO
POÉTICO II

Ariadna Sánchez Hernández

Calma:

Porrazo de quietud adueñándose del tiempo.

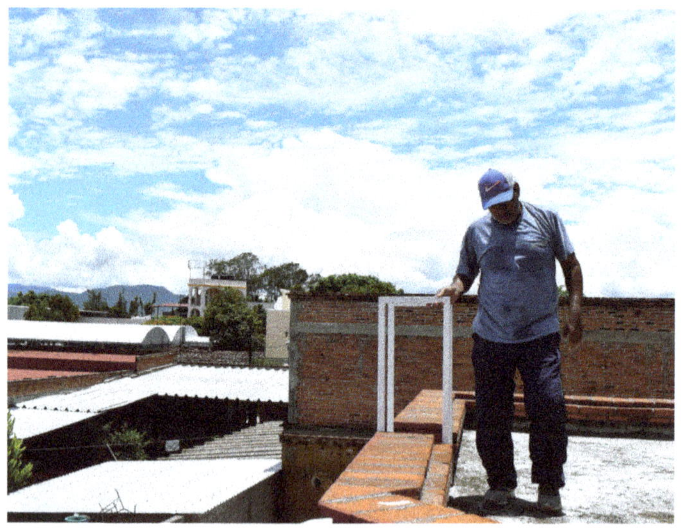

Recuerdos:

Colección especial de verbos en pasado.

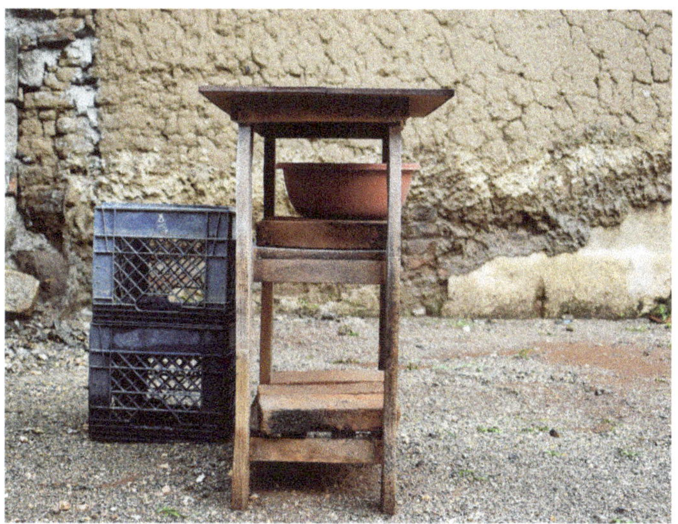

Ariadna Sánchez Hernández

Aventura:

Decidirse a vivir el momento.

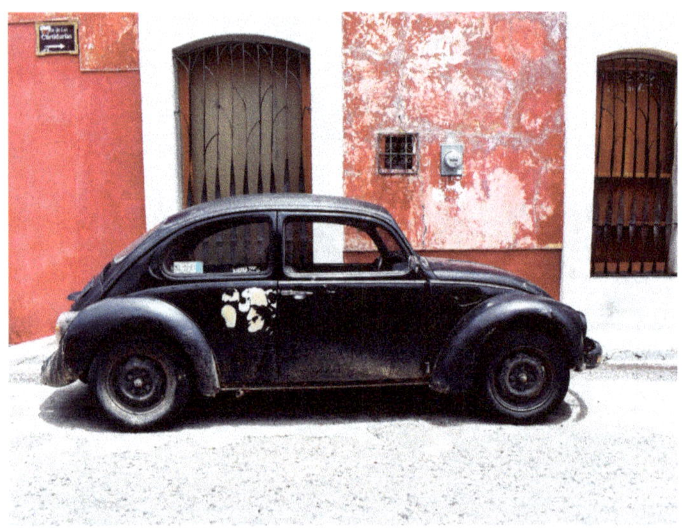

Visitas inesperadas

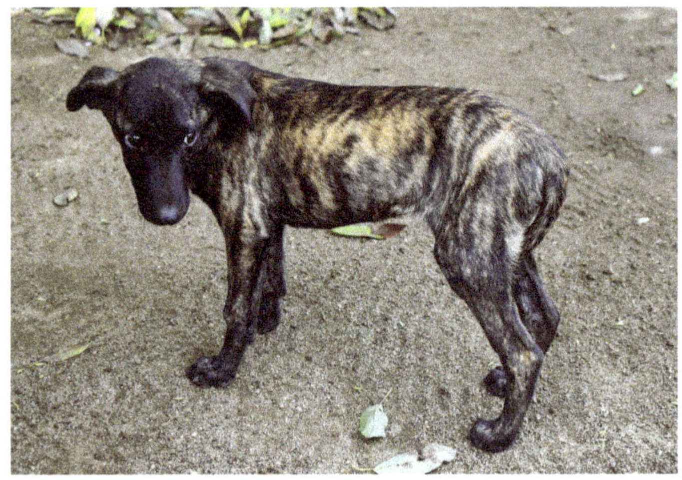

Alma Polvorienta

A medio techo paseándose como faraona de oriente se contoneaba Bartola. Ella era una gata flaca y de pelo blanco; sus ojos azules como el inmenso cielo, le brillaban como luceritos de verano. El sol radiante y potente acariciaba la mañana de mi partida. Una partida que era necesaria para el progreso. Las tortolitas adornaban la pieza de la casa, aunque se deslizaban temerosas por mi presencia hacia los residuos de las semillas que se quedaron la noche anterior. Superman, mi perro huesudo y medio tiriciento, percibía el adiós. Sus ojotes negros se hundían como presagiando mi abandono y mi miedo. El impertinente reloj y su atormentador tic-tac me recordaban que a medio día la camioneta me llevaría hacia el aeropuerto rumbo a Tijuana.

El espumoso chocolate de leche y el embelesador pan de yema me estaban esperando en la cocinita de mi mamá. Ella con mandil puesto y entre sollozos y plegarias me servía lo que sería mi último almuerzo en casa. Mi papá abrazaba un rollo de alfalfa como aferrándose a los recuerdos de la infancia que se fue como agua. Mi corazón se desgarraba como cuando le quitas la cáscara a una naranja. El dolor de dejar a mi familia empezaba a hacer estragos en mi garganta. Quería hablar y no podía. Quería llorar pero mis ojos estaban secos como el desierto. Quería que las circunstancias hubieran sido diferentes no solo para mi sino para otros miles de paisanos que al igual que yo teníamos que emigrar. Entre lágrimas y recuerdos pasé el primer sorbo del caliente y dulce chocolate. Mi pequeña mochila que estaba remendada de la orilla, era mi pasaporte hacia "el otro lado". Una estampita de la Virgen de Guadalupe y unos escasos pesos eran la luz de mi camino. Un camino que no es fácil pues hay una incertidumbre que ni yo alcanzo a comprender. Es un camino donde lobos y ovejas, más bien, coyotes y corderos penetran el muro que divide dos territorios tan distintos entre sí. Finalmente, el sonido del claxon se escucha y es hora de salir. La tristeza en su máxima expresión se hace presente. Como una ladrona, me roba mi familia, mi tierra, mi confianza, hasta mi dignidad. Me temblaban los pies y pasé saliva como unas tres veces para no llorar. Mi madre me santiguó y me besó la frente cubriéndola con lágrimas y así dejándolas estampadas como sello permanente. Mi padre con semblante serio y pensativo, me abrazó y me bendijo. Se acomodó de nuevo el sombrero y me encaminó a la puerta. El chofer del pueblo "ya tiene el cuero curado", pues él es quien lleva a todos los del pueblo al aeropuerto y solo con una media sonrisa me recibe porque entiende el difícil trance. Me coloco en el asiento, no sin antes echarle un último reojo a mi barrio querido. Donde mis mejores años se quedan atrapados en la memoria y haciendo eco en las paredes de adobe y ladrillo. Giro nuevamente mi rostro hacia mis padres que tomados del brazo me despiden, mientras el chofer conduce la camioneta velozmente sobre calle descascarada, dejando atrás una vez más, otra alma polvorienta.

Ariadna Sánchez Hernández

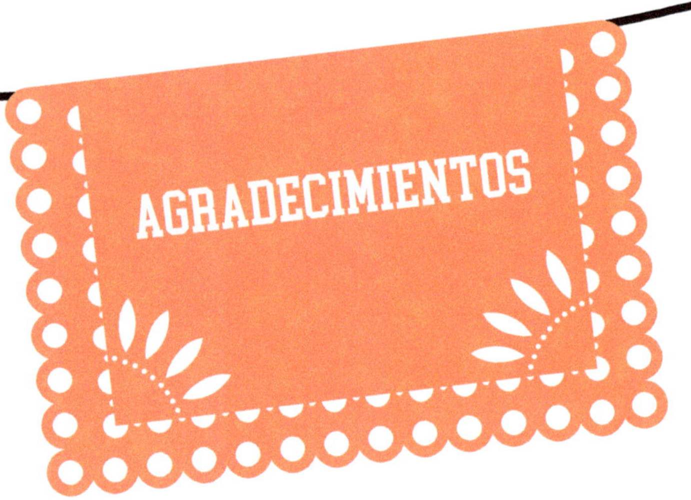

A mi familia, por soportar mi mal genio y aguantarme en días de energía con pizcas de creatividad. En especial a José, Carlos, Mateo, Lenchita, Coco y Tad por todo su amor. Les debo una nieve de leche quemada con tuna.

A mis padres, hermanas y hermano por regalarme
experiencias imborrables.
A mis queridos abuelos Licha, Carmela, Nino
y Lucio sus actos de amor los atesoro en mi
memoria.
A Nadia López García, por ser mujer pájaro
y regalarme palabras de aliento para volar.
A Rufina Luis Gómez por un recorrido de colores
por la Verde Antequera bajo la lluvia de junio.
A Efraín y Toño por acompañarme a tomar fotos
y dejarme ver la gloria de los campos.
A mi gente de Oaxaca, sin ustedes la magia
no existe.
A La Raíz Magazine por el permiso de publicar
nuevamente el poema *Cabello* en esta colección.
A Davina Ferreira y a toda la familia de Alegría
Publishing por la oportunidad de
desnudar las palabras y darles vida.
A todo el equipo de editores, diseñadores
y expertos por ayudarme a crear del polvo una
verdadera obra de arte.

A ti, que amablemente tienes en tus manos mi libro. Te agradezco desde lo más profundo de mi corazón, tu tiempo y por pasear conmigo estrofa tras estrofa. Gracias por tu apoyo y ojalá nos volvamos a encontrar en otro viaje de sílabas.

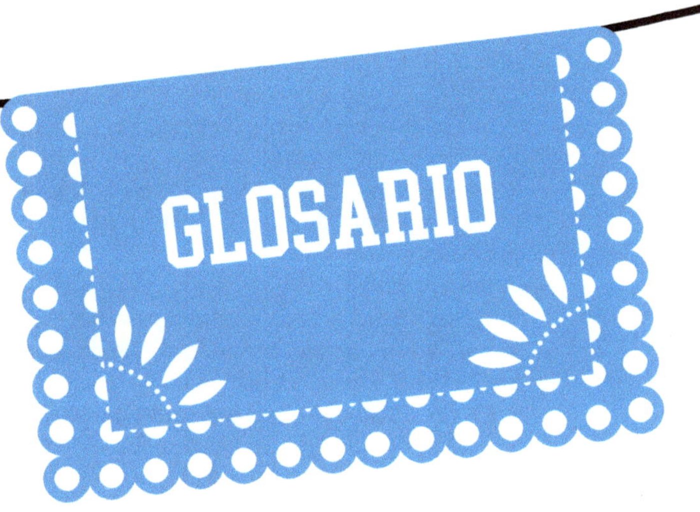
GLOSARIO

Ejutla:[1] vocablo zapoteca que significa "donde abunda el ejote" y se forma de las raíces   *Exotl:* "ejote" y de *Tla:* "abundancia".

Guajolote: Pavo

Huaraches: sandalia hecha a mano.

Yugo: Instrumento de madera el cual se sujeta a mulas, bueyes u otras bestias para arar la tierra.

Papalote:[2] del vocablo náhuatl *papalotl* "mariposa". Cometa de papel.

Paredón[3]: Pared que queda en pie, como ruina de un edificio antiguo.

Añil: Índigo/azul.

Renacuajo: Larva de la rana.

Chapulín: Saltamontes.

Morral: Costal o itacate que sirve para guardar cosas.

Zopilote: Clase de buitre.

Tlayuda: Tortilla de maíz muy grande.

Tasajo: Corte de carne de res.

Chichilo[4]: Mole oaxaqueño también llamado chichilo negro, considerado uno de los célebres siete moles de Oaxaca.

Barbacoa: Carne cocinadas en horno de tierra.

Chochoyotes: Bolitas de masa de maíz que se le agregan a varias sopas o caldos.

Trueque: Intercambio de bienes o servicios.

Alhaja: Joya.

Chicharra[5]: Cicádidos o cigarra. Cuando el sol se va escondiendo comienzan a cantar. Su canto se propaga durante la época del verano y se interrumpe con las tormentas o el frío.

Quiote[6]: Un tallo grueso y recto que brota del centro del maguey y puede alcanzar alturas promedio de hasta 10 metros.

Maguey: Planta suculenta de origen mexicano del que se obtienen fibras textiles, pulque, mixiote, tequila, mezcal, entre otros.

Jícara[7]: Del náhuatl *xicalli.* Fruto esférico utilizado desde la época prehispánica como vaso o vasija.

Metate[8]: Del náhuatl *metetl,* "piedra de moler" y es acompañada del *metlapilli* (mano de metate), que es una piedra cilíndrica con la que se muelen los ingredientes de los platillos.

Chilacayota[9]: Proviene del náhuatl *tzilacayotli "tzilac",* que significa liso y *"ayotli",* que es calabaza. Sirve como complemento para caldos y guisados, también en la elaboración de dulces y bebidas.

Huipil: Procede del náhuatl *huipilli,* que significa blusa o vestido adornado. Los bordados de los huipiles pueden ser geométricos, con figuras humanas, de animales o plantas.

Guayacán: Su nombre científico es *tabebuia chrysantha.* El guayacán amarillo puede medir de 10 a 15 metros de altura.

El guayacán se llena de flores en todas sus ramas, mismas que al caer, forman un hermoso tapete en el suelo. La época de floración es a mediados de enero hasta abril.

Tambora: Miembro del grupo de percusión de instrumentos musicales.

Barriga: Panza, vientre, abdomen, tripa.

Raspado: Hielo rallado acompañado de jarabes/siropes de frutas.

Barquillo: Helado

Fandango: Fiesta o celebración.

---

[1]http://inafed.gob.mx/work/enciclopedia/EMM20oaxaca/municipios/20028a.html
[2] https://gdn.iib.unam.mx/diccionario/papalotl/233984
[3] https://dle.rae.es/paredón
[4] https://laroussecocina.mx/palabra/chichilo/
[5] https://animaleshoy.net/las-chicharras-que-son-donde-viven-curiosidades-de-los-cicadidos-o-cigarras/
[6] https://www.gob.mx/siap/articulos/el-quiote-y-sus-flores-las-delicias-del-maguey?idiom=es
[7] https://laroussecocina.mx/palabra/jicara/
[8] https://www.cocinafacil.com.mx/tips-de-cocina/metate/
[9] https://elpoderdelconsumidor.org/2019/06/el-poder-de-el-chilacayote/

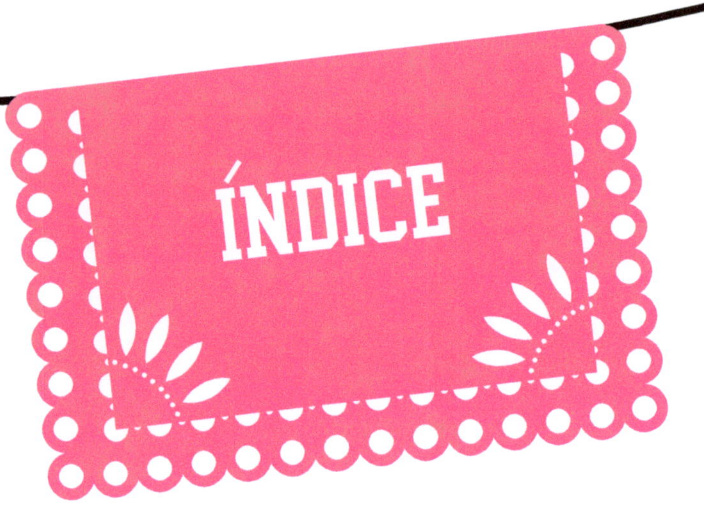
ÍNDICE

- Útero
- Cabello
- 3:45 p.m.
- Fémina
- Tres lustros
- Amor propio
- El terruño del haikú
- Diccionario poético I
- Eternidad
- Las malas lenguas
- Trance
- Tendedero
- Festín
- Desdén
- Alacrán
- Grillete
- Impulso
- Cúspide
- Desvelo
- Éxtasis
- Deuda saldada
- La calaca
- Madeja
- Recuerdos
- Viaje
- Muros
- Irse
- Viaje
- Apariencias
- Miedos
- Jacarandas
- Maíz
- Danza del fuego
- Avispas
- Luceros
- Chivo

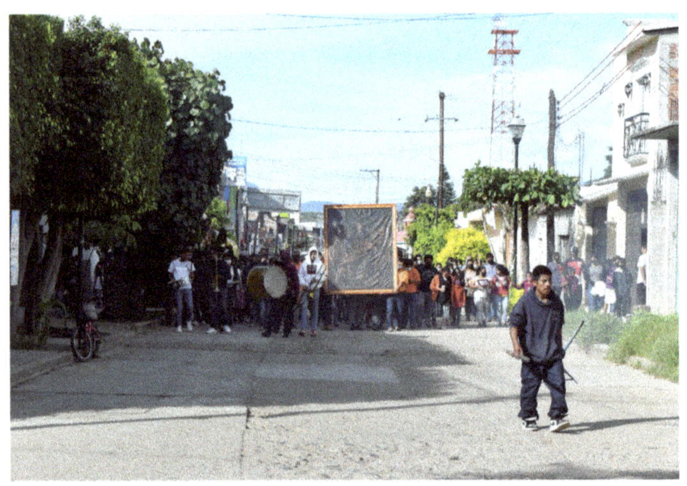

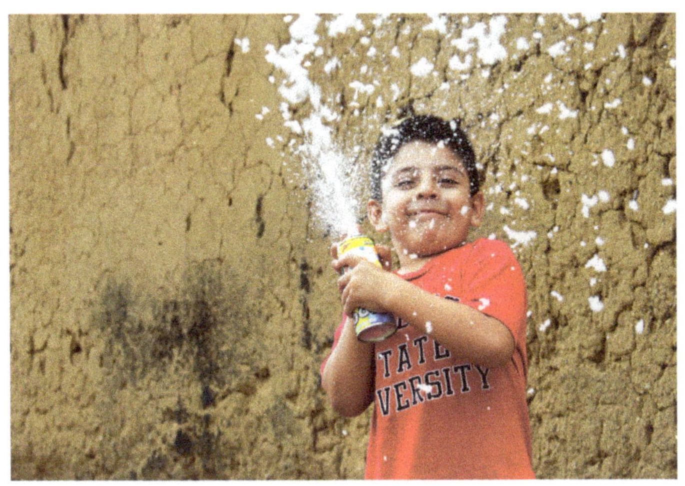

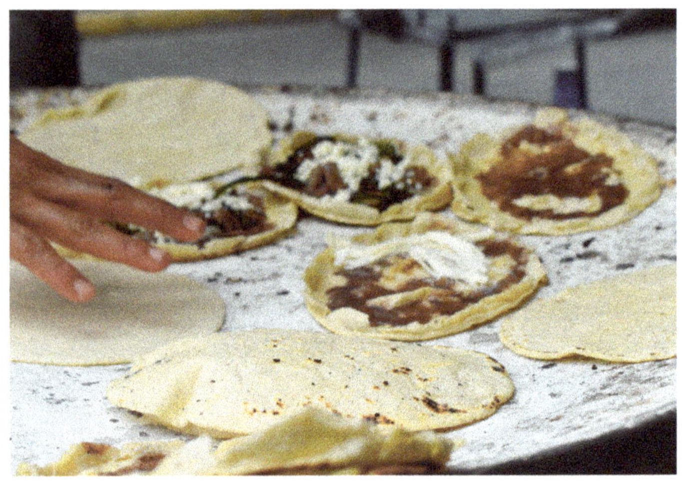

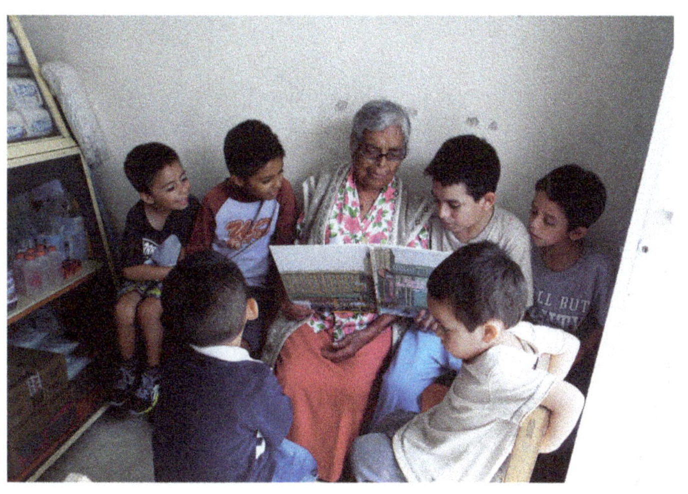

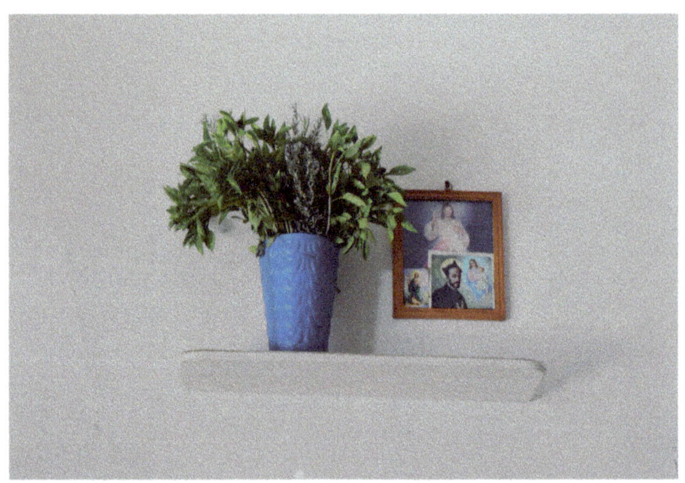

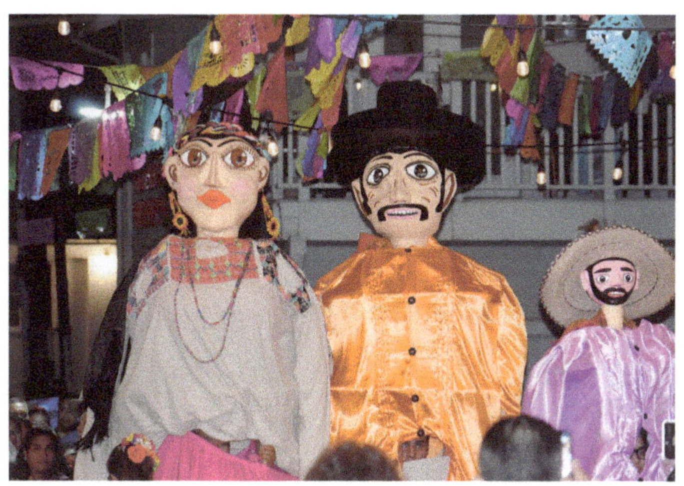

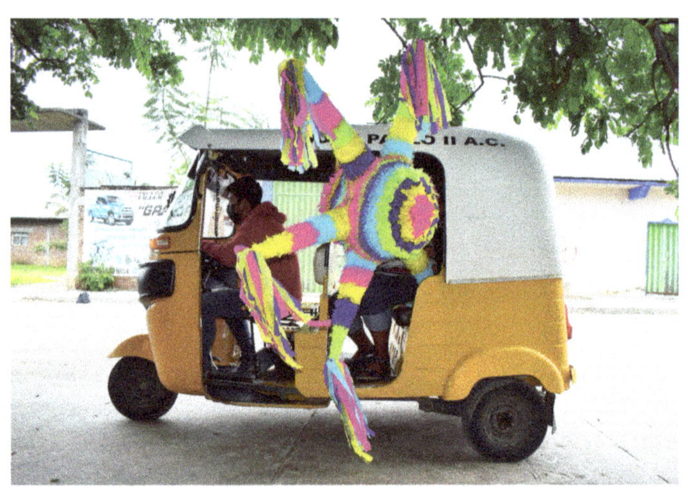

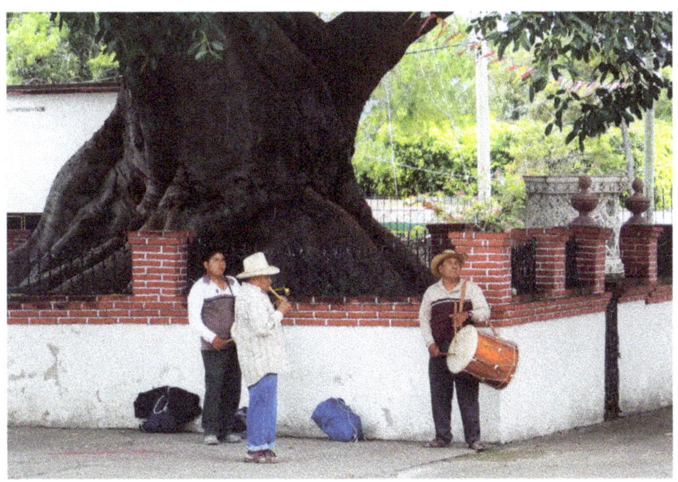

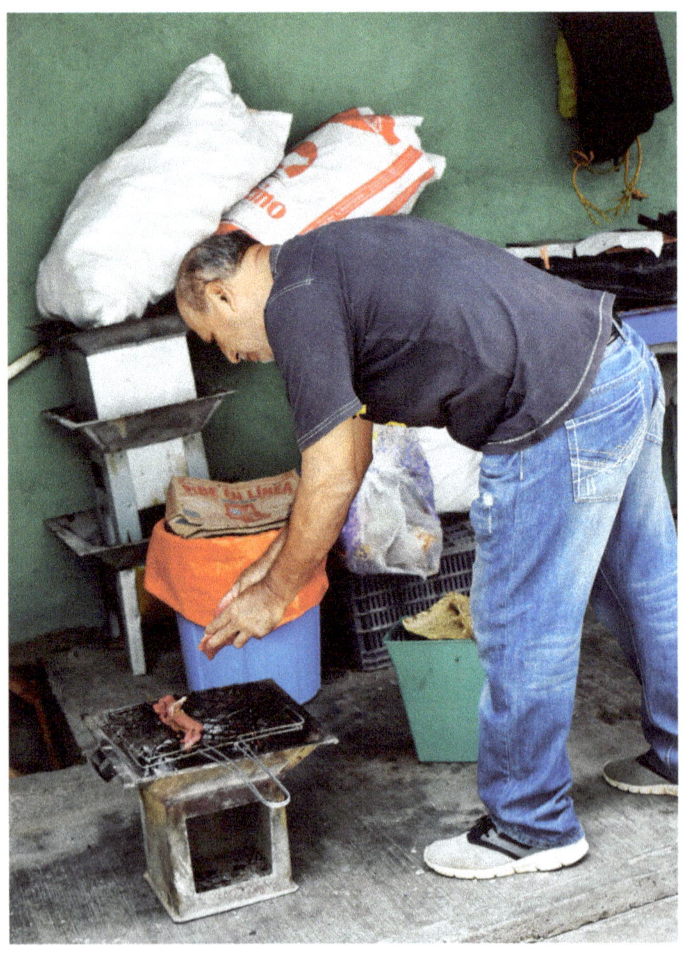

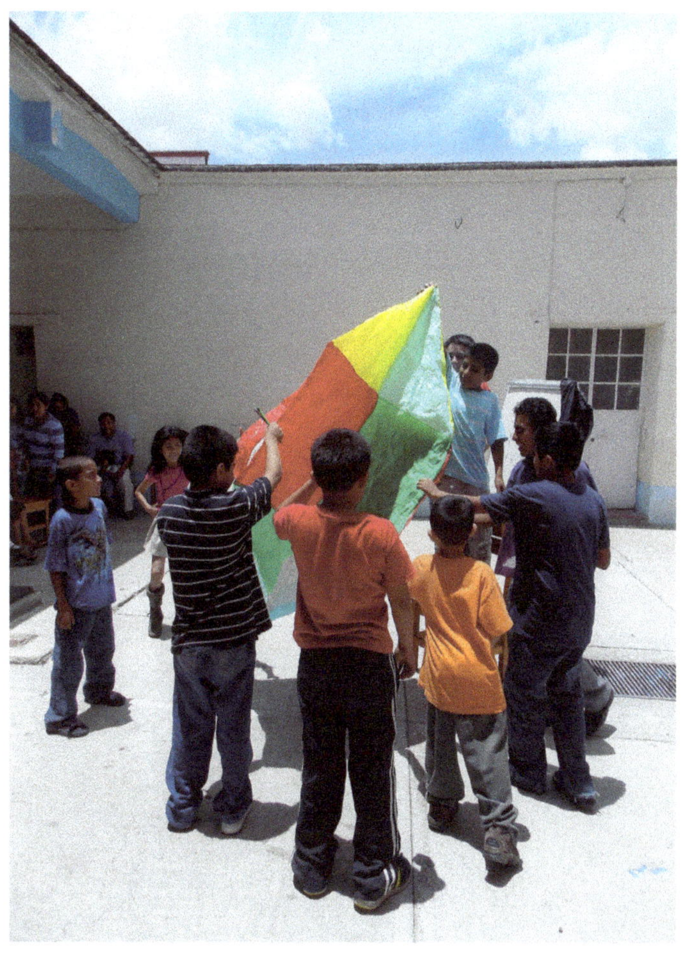

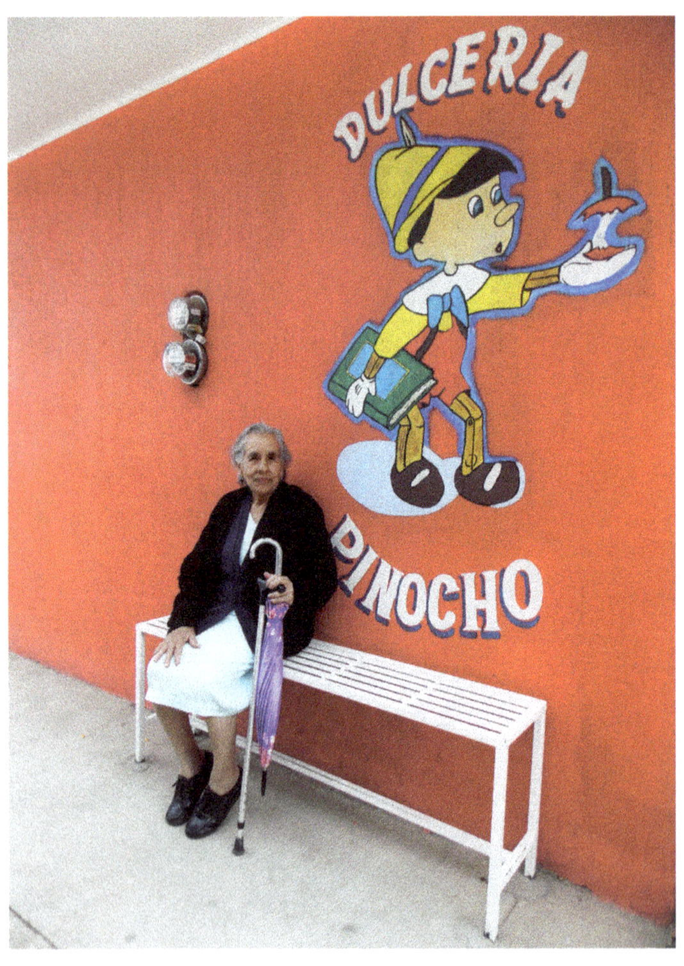
DULCERIA
PINOCHO

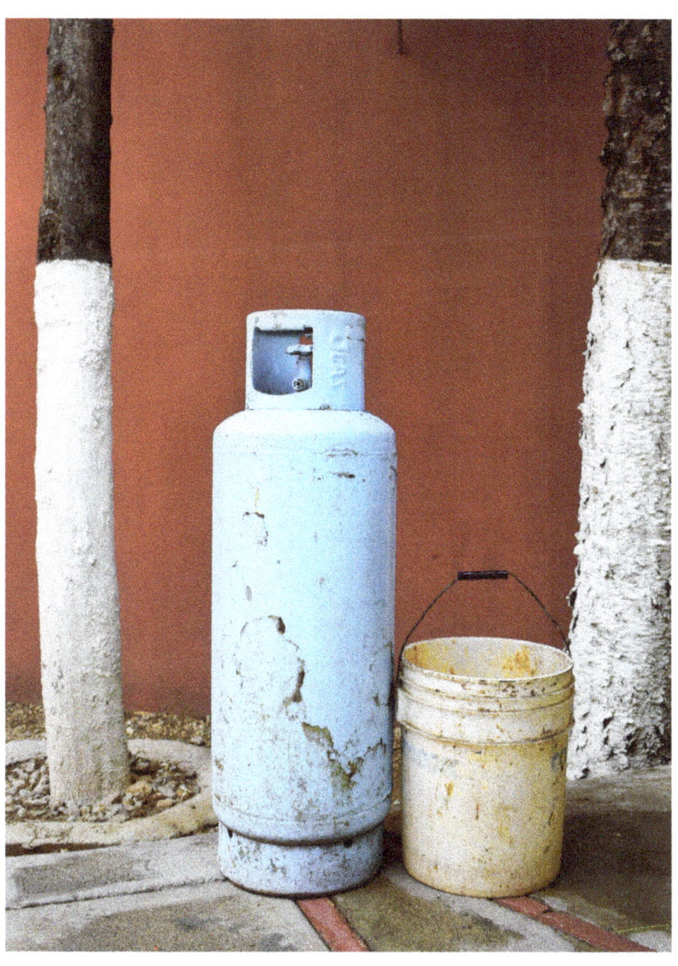

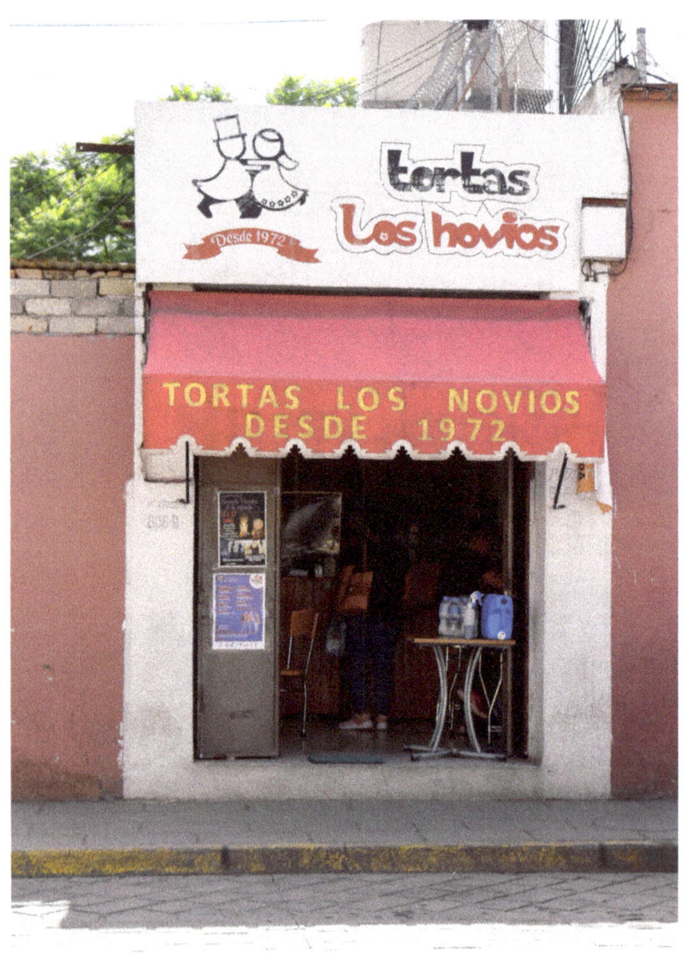
Desde 1972
tortas
Los novios
TORTAS LOS NOVIOS
DESDE 1972

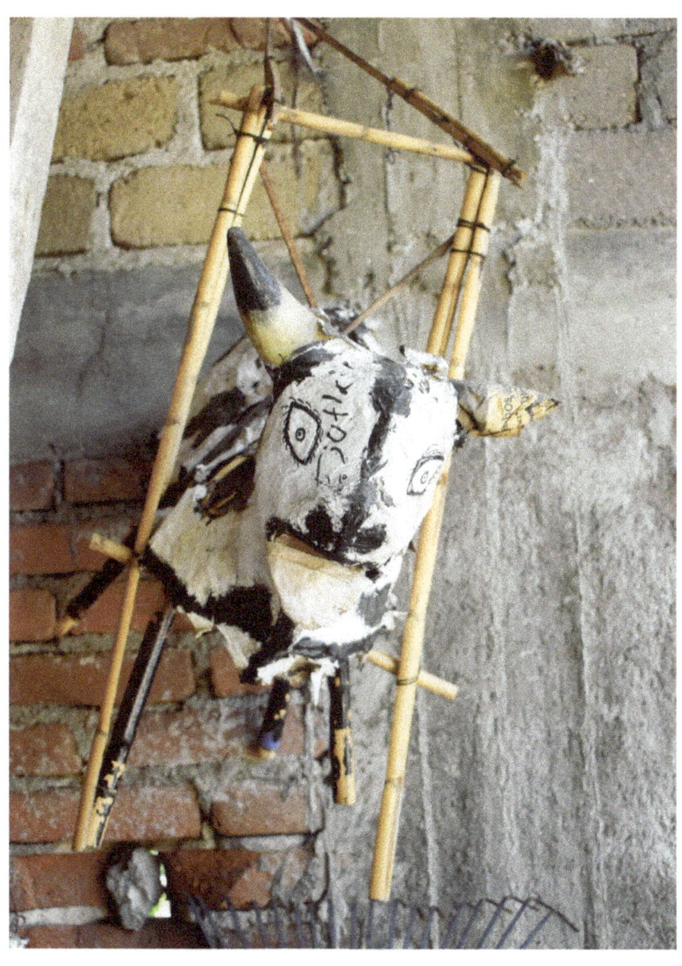

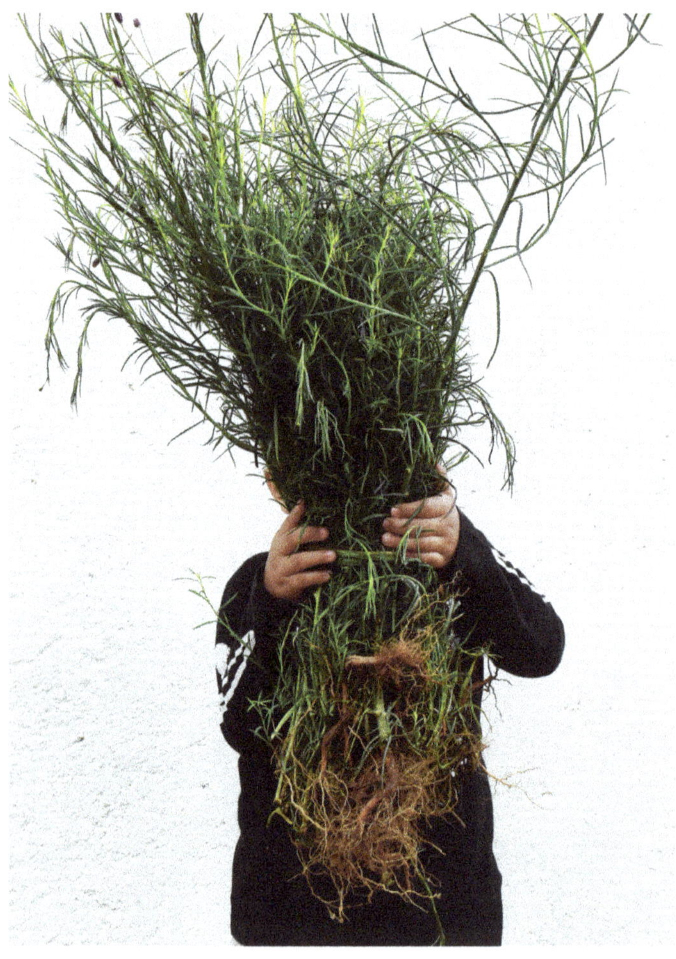

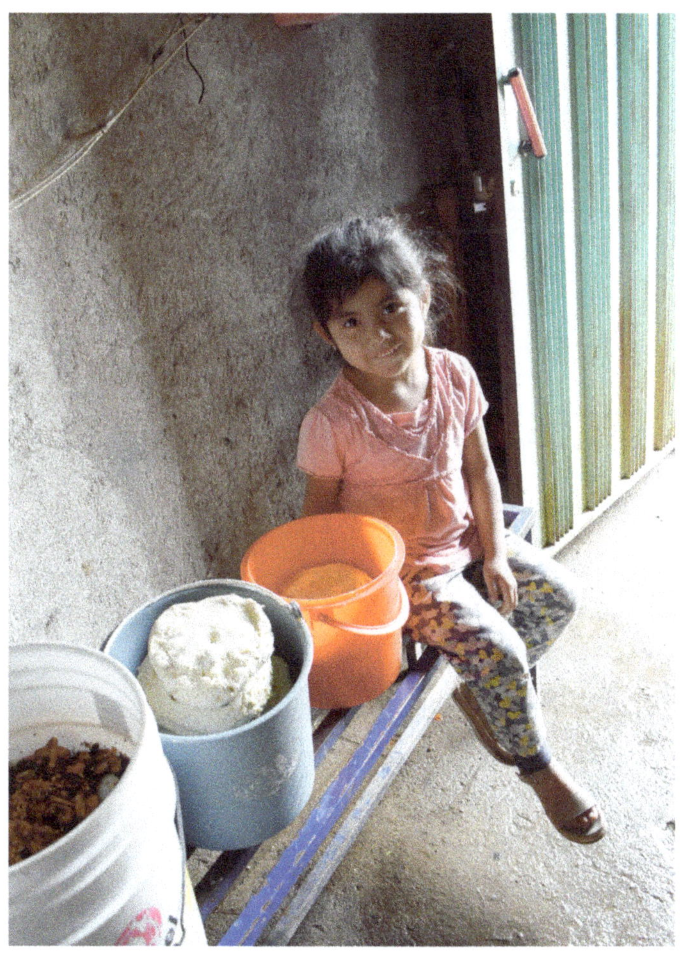

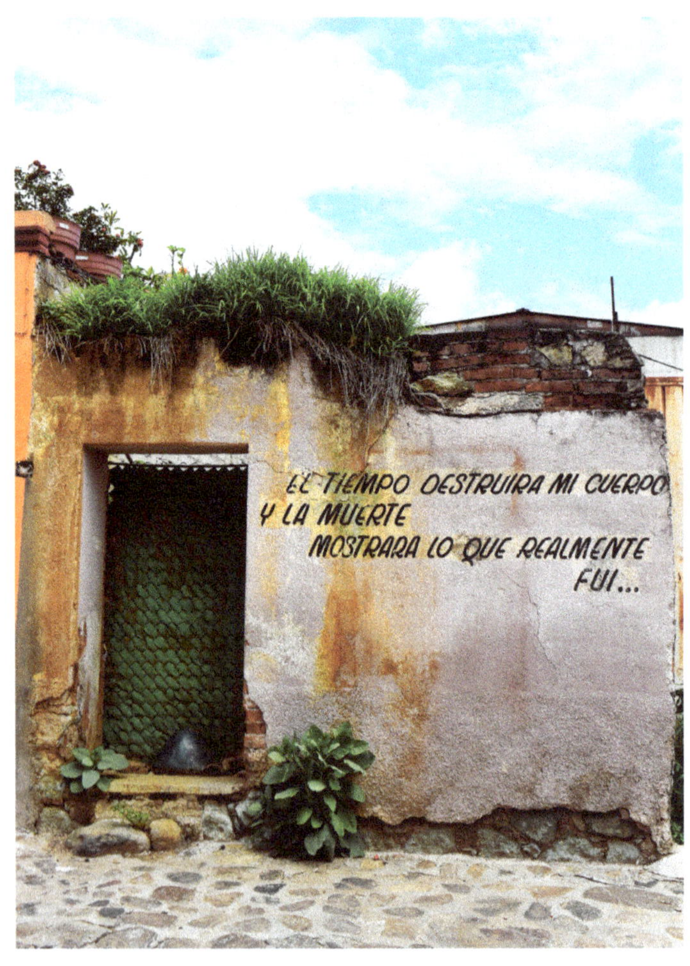

EL TIEMPO DESTRUIRA MI CUERPO
Y LA MUERTE
MOSTRARA LO QUE REALMENTE
FUI...

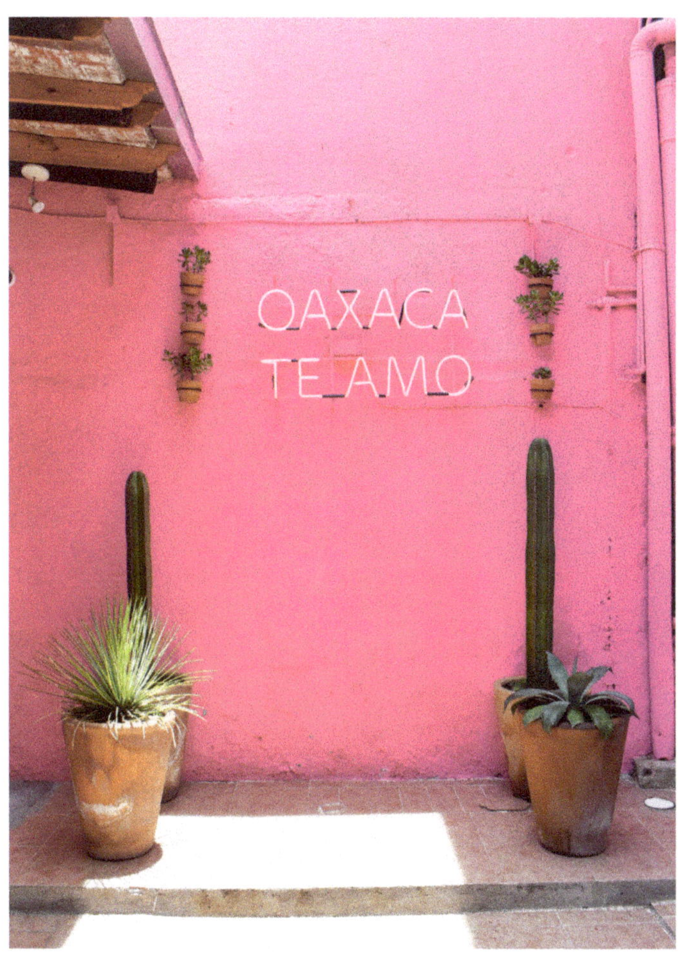
OAXACA
TE AMO

294

Visitas inesperadas

Ariadna Sánchez Hernández

@_ariadnasan

sanchezhedz@gmail.com

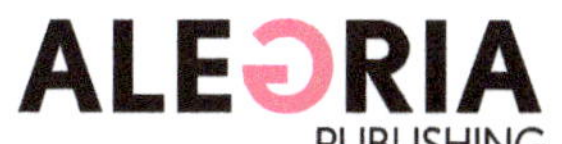